出版资助：南宁师范大学地理学一流学科建设经费
广西哲学社会科学研究课题：《高铁经济背景下广西旅游重心时空演化及高铁旅游经济带建设研究》（批准号：15BJY02）
北部湾环境演变与资源利用教育部重点实验室、广西地表过程与智能模拟重点实验室联合开放或系统基金项目：《基于 ARCGIS 技术的广西入境旅游重心演化及驱动因素分析》

旅游业发展的时空分异及均衡化发展研究

段文军　李　冲　著

中国纺织出版社有限公司

内 容 提 要

本书系旅游均衡化发展方面研究成果，涵盖相关概念与理论基础、广西旅游业发展概况、广西城市旅游业发展的时空分异特征、广西城市旅游业发展水平评价、广西城市旅游业发展的时空分异成因探析、广西旅游业均衡化发展对策等内容，为地区旅游健康持续发展学术界提供了生动的素材，在构建城市发展模式、促进地区旅游业均衡化发展道路上发挥着重要作用，有较高的现实意义。对地区旅游发展方面的研究者、从业人员具有学习和参考价值。

图书在版编目（CIP）数据

旅游业发展的时空分异及均衡化发展研究 / 段文军，李冲著. -- 北京：中国纺织出版社有限公司，2021.2

ISBN 978-7-5180-7036-7

Ⅰ. ①旅… Ⅱ. ①段… ②李… Ⅲ. ①地方旅游业—旅游业发展—研究—广西 Ⅳ. ① F592.767

中国版本图书馆 CIP 数据核字 (2019) 第 285286 号

责任编辑：闫 星　　责任校对：高 涵　　责任印制：储志伟

中国纺织出版社有限公司出版发行

地址：北京市朝阳区百子湾东里 A407 号楼　邮政编码：100124

销售电话：010—67004422　传真：010—87155801

http://www.c-textilep.com

中国纺织出版社天猫旗舰店

官方微博 http://weibo.com/2119887771

三河市华晨印务有限公司印刷　各地新华书店经销

2021 年 2 月第 1 版第 1 次印刷

开本：710 × 1000　1/16　印张：11.25

字数：164 千字　定价：59.00 元

前　言

中国旅游业改革开放40年，在取得了巨大成就的同时，也出现了区域竞争加剧、发展不均衡的问题。当前，我国旅游业已进入了双向开放和深化改革阶段，在此背景下，实现旅游业的均衡化发展对发展边疆经济、维护地区稳定团结，以及促进旅游产业持续健康发展尤为重要。

本书对广西旅游业发展概况进行了梳理，对广西旅游业发展的均衡性进行了测定评价，构建了广西旅游发展水平评价体系模型，利用熵值法为指标赋权，计算广西14个城市的旅游发展水平得分，并通过R软件的K-Means聚类分析算法将其分为四类城市，并进行差异性分析描述。根据城市得分及聚类情况，深入探究影响广西旅游产业发展时空分异的内在机理、驱动因子与制约因子，最终提出广西旅游均衡化发展对策。本书的相关研究成果能够为广西旅游业的均衡化发展提供决策依据，具有一定的实践意义和应用价值。

本书为作者对广西旅游产业研究的相关总结和集成。在本书撰写过程中，参考和引用了国内外同行专家和学者的部分研究成果与观点。朱孟婷、陈聪、朱强、卢帅涛等研究生参与了相关研究工作，在此一并表示感谢。

本书相关成果研究得到了南宁师范大学地理学一流学科建设经费、广西哲学社会科学研究课题《高铁经济背景下广西旅游重心时空演化及高铁旅游经济带建设研究》（批准号：15BJY02）、北部湾环境演变与资源利用教育部重点实验室、广西地表过程与智能模拟重点实验室联合开放或系统基金项目：《基于ARCGIS技术的广西入境旅游重心演化及驱动因素分析》等项目的资助，这使得作者多年的研究成果得以总结并与读者见面，在此表示感谢。

鉴于旅游产业均衡化发展研究的复杂性，加之作者水平有限，书中难免存在不妥之处，敬请读者不吝赐教。

作者

2019年10月于南宁

目　录

第1章　绪论

1.1　研究背景

1.1.1　中国旅游业发展面临新时代与新挑战

2017年，在党的十九大报告中，习近平总书记指出了当前我国社会发展“不平衡不充分”的问题，提出了“区域协调发展战略”。2018年，在国务院旅游工作部际联席会议第五次全体会议上，国务院副总理汪洋指出：我国旅游业处在矛盾凸显期，发展不平衡不充分的问题比较突出。放眼未来，中国旅游业的发展已经进入双向开放和深化改革阶段，主要任务就是要集中精力解决旅游发展中的不平衡、不充分问题，力争能够早日使旅游业的发展进入优质发展阶段，来满足人们对改善生活的需求。

随着中国改革开放的历史进程，中国旅游业也经历了40年的高速发展与成长。改革开放40年，中国旅游业从羸弱到强大，产业规模不断壮大，产业经济地位不断提升，取得了诸多成就与进步。40年前的世界旅游市场，中国旅游业是无名一族；40年后的世界旅游市场，中国是重要的旅游客源国及旅游目的地。根据WTTC（世界旅行与旅游理事会）发布的2018年《世界国内旅游经济影响力报告》中，中国国内旅游消费已经超过美国，一跃成为最大的国内旅游市场。在中国旅游业高速发展的同时，也站在了新的历史起点上。中国经济的发展模式不再一味的注重发展的高速度，而是转为更加注重发展的高质量，逐渐担负起了更多的责任，在社会发展与人民群众的生活中扮演着越来越多的角色，成为满足人民追求美好生活向往的梦想产业、幸福产业。

近些年，国家及各级地方政府对旅游业日益重视，纷纷在政策制定、产业扶持、产业结构优化方面作出了诸多努力与实践。2009 年，“把旅游业培育成国民经济的战略性支持产业”在国务院常务会议上被明确提出，旅游业的地位得到重视；2013 年，为了进一步刺激旅游消费，培育国内旅游市场，国务院印发了《国民旅游休闲纲要（2013—2020）》；2016 年，国务院办公室发布了《关于进一步扩大旅游文化体育养老教育培训等领域消费的意见》，将旅游业列为事关人民群众的美好生活的幸福产业之首。在这种环境与背景下，各省市相继根据自己实际的资源状况与经济状况等现状，把旅游业作为当地经济发展的龙头企业、主导产业或支柱性产业，进而加大力度进行培育发展，中国旅游业的发展取得了突飞猛进的发展。

根据国家旅游局的统计，2018 年，我国接待国内旅游人数比 2017 年增长 10.8%，总接待为 55.39 亿人次；入出境旅游方面，比 2017 年增长 7.8%，总人数为 2.91 亿人次。全年旅游总消费为 5.97 万亿元，增长率为 10.5%。2018 年全年，旅游业的 GDP 综合贡献值达到了 9.94 万亿元，占 GDP 总量的 11.04%。直接与间接旅游就业人数分别为 2826 万人、7991 万人。

与此同时，各地之间的旅游产业发展竞争也日趋激烈，区域间的旅游产业发展也呈现出了不同程度的差异，非均衡性特征愈发明显。近几年来，《中国旅游经济蓝皮书》对国内的旅游经济发展进行了深入的分析与预测，结果表明，国内区域旅游发展呈现出非均衡性特征：东部沿海城市与地区的旅游优势十分明显，处于国内旅游的主导地位，其旅游发展理念、旅游经济总量及旅游基础设施建设方面，均明显优于中西部，中国旅游发展水平呈现出自东向西逐渐降低的趋势，在全国层面呈现出了较大的差异与非均衡特征。

1.1.2　旅游业地区发展不平衡不充分的矛盾日益突显

有增长不代表有效率。单从上文提及的统计数据来看，我国旅游业整体发展是增长的，但这并不意味着各地区旅游业的发展水平是有效的。

2017 年，我国各地区之间发展旅游业所带来的效益差距是巨大的。同时，旅游经济效益较低的地区并不代表该地区的增长率也低。这一情况不仅在各省之间存在，即使同一省份不同地区之间也会出现严重的不平衡现象。因此，单纯的从旅游总收入这一直接经济指标对各地旅游业的发展状况进行衡量是不科学的。旅游地要可持续的健康发展，需要对该区域内的旅游效率表现进行测评，而不仅仅只是关注于其直接带来的经济效益。

1.1.3 广西旅游业地区间发展差异日益扩大

广西地处祖国边疆，为少数民族壮族聚集地，地理位置优越，南接东南亚、西北靠云贵川、东临近港澳台，这种沿海、沿边、沿江的地理位置优势在非常突出。近些年，国家与地方政府高度重视广西旅游业的发展，在政策及财力等方面给予了充分的支持与倾斜，广西区政府以加快推动全域旅游发展为主线，不断丰富旅游产品种类、不断创新旅游产品、不断提升旅游服务与旅游接待水平，同时大力推动与东盟各国的旅游合作与互动交流，依靠国家“一带一路”倡议，充分发挥区位优势，将广西打造成“一带一路”旅游合作的新高地。通过多年深耕与发展，广西旅游业的发展得到了长足的进步。2018 年，广西接待国内国外游客再创新高，达到 6.83 亿人次，同比上一年度增长 30.6%；旅游总消费达到 7619.90 亿元，同比上一年度增长 36.6%，成绩显著。

在广西旅游取得高速发展的同时，广西各地市之间的旅游发展却存在着不均衡、不充分的状况，而且这种发展的不均衡还在日益增强。同时，广西全区民族旅游资源特色差异性不强，自然资源差异性存在趋同之处，这对实行差异化竞争策略也存在不利，目前各地区之间旅游市场的竞争日益激烈，各地区之间旅游发展的差异化现状日益突出。根据 2018 年《广西统计年鉴》的统计数据来看：2017 年，全区旅游总消费最高为南宁市，1127.35 亿元；旅游总消费最低为防城港市，169.1 亿元。两者相差 958.25 亿元，6.66 倍。接待国内游客人数最多地区为南宁市，11001.08 万人次；接待国内游人数最少的地区为防城港市，2016.25 万人次。两者相差 8984.83 万人次，5.45 倍。地区间旅游发展差异化明显，问题突出。

2017 年，在党的十九大报告中，习近平同志明确指出“均衡化发展”理念。在此背景下，通过分析研究，帮助广西充分发挥旅游资源优势、发挥地理区位优势，充分挖掘地域特色、民族特色，进行差异化发展布局，实现民族团结、边疆稳定、均衡化发展则显得尤为重要和具有重大意义。

1.2 研究意义

1.2.1 学术价值

随着区域旅游竞争日益激烈，国家对旅游业发展的不平衡与不充分问题的日益关注与重视，对区域旅游差异性与均衡性的研究愈发显现出其重要价值与时代紧迫感。本文综合运用多学科的理论与方法，通过理论与实证、定性与定量研究相结合，从时间与空间两个维度上，对广西旅游发展差异展开系统而深入的分析；深入探究影响广西旅游业发展差异的影响因子与内在机理，进一步丰富区域非均衡的理论内涵与实践经验；通过系统科学的分析与研究，进一步挖掘旅游发展的优劣势，为各城市、全区旅游均衡化发展提供理论支撑和方法指导。

1.2.2 应用价值

广西作为边疆民族地区，旅游资源丰富，地域特色明显，同时，广西整体经济发展水平相对落后，旅游在广西更是扮演了脱贫、改善基础设施等重要角色。

在此背景下，对广西各区域旅游产业发展差异状况进行分析研究，梳理非均衡影响因素，并提出均衡化发展策略，将有助于广西进一步优化全区旅游产业结构布局，充分发挥广西的资源优势、区位优势、民族优势等，实现差异化发展战略，不断促进全区旅游产业协调、健康、持续、均衡化发展，为祖国民族稳定、边疆经济发展作出更大贡献。与此同时，广西作为国家旅游综合改革先行区，先行先试，不断探索新型旅游自治区发展新模式，对广西进行旅游产业空间分异及均衡化发展研究的实践经验，将为其他地区的旅游产业发展提供良好的科学指导与借鉴价值，为新时代中国旅游业的发展贡献实践价值。

1.3　研究综述

1.3.1　城市旅游业非均衡化发展研究

1.3.1.1　国外研究

20 世纪 60 年代中期，旅游发展的非均衡性、时空分异、差异化等不平衡发展已经受到国外学者的关注。他们研究的内容广泛，角度多样，层次丰富且注重细节。如 Choong K. L.、Kozak M. 和 Bridal J. A. 等学者从旅游者体验的差异性等主观角度分析旅游业发展非均衡性。而费朗索瓦・韦拉、马斯逊・华尔和 Patty S. & Georey W. 等学者则从区域差异等客观差异角度对旅游业的非均衡性发展进行了分析。

（1）研究内容方面

在研究内容方面，国外关于旅游业非均衡性发展的纯理论研究虽然较少，但也有相关理论的研究成果，如学者们通过构造相关评价指标或模型来对比分析旅游区域发展的不均衡现象。在实证方面有着较多的研究。对于研究对象跨度稍小的研究较为丰富，如 Alan Clarke（2009）对旅游业成长、成熟和不平衡发展的过程进行分析。Khadaroo 和 Seetanah 等人通过研究旅游吸引力中交通设施的作用，发现具有较高收入的旅游目的地具有比较高的重复旅游率。Seckelmann（2002）研究了土耳其国内旅游业的空间分异。

Douglas G. Pearce（1998）通过对比，分析巴黎市区 the Ile de la Cite’，Montmartre 和 the OPe’raquarter 三个旅游区块的空间结构和主题功能之间的联系及作用原理。研究对象有的跨域尺度较大，如 Jenny Holland 等（2003）将乌干达和捷克共和国乡村旅游发展的区域差异进行对比研究；还有一些学者研究亚太地区内部区域的旅游非均衡性发展的问题。

（2）研究方法方面

研究方法方面，国外关于区域旅游发展的差异性大部分是运用统计地图的形式来表示区域旅游发展的空间分异的，Bigano A.&Hamilton J. M.、Schnall L.、Kulinat K. 等学者们常在地图上利用图形的叠加来表示不一样的指标对区域旅游发展的空间分异。Xinyue Ye、Michael C. 等学者通过探索性时空数据的分析方法、一系列的定量地图从而对旅游业时空发展的特征进行描绘。此外，最近邻法、构建集聚指数模型、构建竞争模型、构建游客感知图、ARIMA 模型、在 GIS 基础上采用电子调查方法和多元回归等多种方法相结合的办法等一些定量研究方法是国外学者们常用的研究手段。Christine Lim&Grace W.Pan（2005），Chia-Lin Chang、Songsak sirboonchitta 和 Aree Wiboonpongse（2009）分析了日本、泰国等入境旅游时间和空间的变动情况。Daniel R. Williams 运用感知地图分析了弗吉尼亚的旅游竞争力，并且分析自身与美国其他各州在旅游者心中的形象。WENG Jin &YANG Kai-zhong（2007）通过建立垄断不均衡竞争模型，从而分析影响旅游业发展的因素。

1.3.1.2 国内研究

与国外对于旅游发展非均衡性的相关研究相比，国内由于旅游业发展速度和所处的阶段等因素，因此旅游非均衡现象的研究起步较晚，相关研究最开始大约是在 20 世纪 90 年代末，在 2005 年，国内关于旅游非均衡发展问题的研究才逐渐增多。国内的相关研究角度和层次较为丰富，主要可以分为研究重点、研究尺度和研究方法等方面，从这些方面进行归类分析。

从研究重点来看，国内学者关于旅游非均衡发展的相关研究主要分为两个方面。一是以对旅游发展非均衡演化的规律和特点为主，原因和策略分析为辅。例如，高恒冠（2018）运用地理集中指数对比的方法，分析了广东四大经济区域旅游业空间分布情况与影响广东旅游业空间结构不平衡的因素，并制定优化策略。熊芳、刘晓鹰（2016）以黔东南为例，分析了其旅游发展空间非均衡性的特征及影响因素，并提出应对方法。陆林、余凤龙（2005）将内地全部省市自治区作为研究对象，以经济地理学为视角，对 1990~2002 年中国省域旅游差异变化的空间结构特征进行了分析，揭示了分异规律和影响旅游空间差异的现象，并提出了相应对策。朱俊杰和丁登山等（2001）对比分析了东、中、西部的供给与需求的差异及产生差异性的原因。付磊（2001）分析了我国东、西部旅游发展差距现状和原因。二是研究造成旅游发展非均衡这种演变格局的原因。在此类的相关研究中，大部分学者认为资源禀赋、区位条件、基础设施和服务设施、当地经济水平、可达性等差异是造成区域间旅游业发展不均衡的因素。但也有部分学者认为政府政策、制度、旅游产品之间的差异也是影响我国区域旅游非均衡发展的原因。

从研究的尺度来看，从全国、区域、省域和景区等层面对旅游非均衡发展问题进行研究。在全国层面，如赵磊、方成（2014）以国内 30 个省份 1999~2010 年数据为研究样本，采用地区差异与空间极化指数对国内旅游空间发展非均衡进行了分析。刘长生、简玉峰（2011）通过广义熵、基尼等系数，分解了国内区域旅游发展的不均衡问题。汪德根、陈田（2011）运用二阶段嵌套泰尔系数分析国内旅游经济区域发展的省内地 (市) 间差异、省间差异、地带差异变化特征，并以省内地 (市) 间差异为视角，对国内区域旅游经济差异的空间结构进行分析。在区域层面，王开泳、张鹏岩等（2014）通过一系列指标，对黄河流域旅游在 1996~2010 年关于时空分异演变过程进行了分析，并基于 R/S 分析对黄河流域以后的发展进行预测。赵俊远、苏朝阳等 (2008) 通过泰尔指数分析了西北 5 省 (区) 旅游发展在 1996~2005 年的演变情况。靳诚、徐菁等（2007）以长三角 16 个市 1991 年以来入境游人数为基础，通过变差系数、首位度等四大指标对长三角各市之间旅游规模分异进行了分析。在省域层面，乔花芳、谢双玉等（2018）以 2001~2016 年湖北省 17 个市州的面板数据为基础，运用标准差、首位度、基尼系数、赫芬达尔系数和区位熵等方法分析湖北省区域旅游经济的绝对非均衡性、相对非均衡性和相对优势的比较，并采用多元回归分析方法模拟其影响因素。欧向军、沈正平等（2007）以人均国内生产总值 (GDP) 为测度区域经济差异的变量指标，定量分析了江苏省旅游在水平和空间上的分异演变。谈小刚 (2013) 以 2000~2011 年广东省旅游经济相关统计数据为基础，从时间上的变化和空间的差异两方面对广东省各地市的旅游经济发展差异进行了分析。陈晓、王丹、张耀光等（2008）以经济地理学为视角，通过地理集中等一系列指数对辽宁省各城市在 1992~2004 年的旅游分异的时空演变进行了分析，并对该省旅游经济差异特征进行了分解，进而提出发展对策。在景区层面，如刘智兴、马耀峰、姜嫣等（2013）在 2010 年中国旅游百强景区的数据资料基础上，采用一定的数学地理和空间分析方法，分析了百强景区的空间分异特征。赵磊、丁烨、杨宏浩（2013）运用变异系数、均衡度指数和均衡比系数，对浙江省 A 级旅游景区空间分布差异化进行了测度。

从上述研究方法来看，在对区域旅游业发展差异研究的指标选取上，主要分为绝对差异指标和相对差异指标两类。苑涛、张广海、高超、李元青、苏建君等学者采用绝对差异指标与相对差异指标相结合的方法进行区域旅游发展的差异性研究，同时这也是大部分学者普遍采用的方法。在研究相对差异时，邹家红、叶护平、王迎英、汪德根等许多学者利用基尼系数和泰尔指数来进行研究。此外，一些学者采用综合差异指数、地理集中指数、广义熵指数等指标进行旅游业非均衡性的分析。

此外，在广西旅游非均衡研究方面：黄月龄、周德海等（2017）和朱士鹏、毛蒋兴等（2013）借助标准差、变异系数、赫芬达指数、锡尔系数等指标，研究分析了广西区域旅游在整体上出现的差异化特征和这一差异的演化过程。蒋喆、陆道猛等（2016）认为旅游资源的数量不是导致广西旅游业进行空间分异的决定性因素，而是由于资源的独特性和知名度、相关基础设施建设程度、经济水平等综合因素。赵赞、任传阳（2018）基于旅游流流量和流质指数，对广西及 14 个地市国内旅游流量与流质时空分布及差异进行研究。刘宏盈、张昌慧、张娟（2012）对广西 A 级旅游景区在空间分布上的总体特征和结构差异进行了分析，发现各地市旅游景区之间的差异性很大，并提出相应的优化策略。甘永萍（2010）、蒋亚珍（2014）等对广西入境旅游的空间非均衡性进行了分析，揭示其影响因素并提出建议。毕燕、陈乔等（2012）基于广西所有城市的国内游客量的数据，通过变异系数、相对发展率等方式，对广西旅游规模在 2003~2009 年从空间的变化情况进行分析。

1.3.2 城市旅游效率的非均衡化发展研究

1.3.2.1 国外研究综述

（1）旅游企业

国外应用 DEA 方法对旅游企业效率的测算主要集中在旅行社、旅游餐饮业和酒店业。

在旅行社方面，Bell 和 Morey（1994）最早引进 DEA 方法进行了研究。不过当时并非单独分析旅行社效率，而是采用投入导向型 DEA 模型，以服务水平作为产出变量，以旅游消费水平（包括酒店住宿和公共交通费用）、劳动成本、其他支出成本和其他环境因素（如公司获取旅行费用折扣的能力）作为投入变量，对 31 家旅游企业和部门效率进行测算。随后，Anderson，Lewis 和 Parker（1999）利用投入导向型 DEA 和 SFA 两种方法对 31 家旅游部门效率进行分析。不过与上述研究不同的是，该研究采用的变量与上述研究不同。产出变量采用的是公司旅游线路实际出行的总次数，投入变量采用的是劳动力成本、交通与住宿成本、其他支出（如技术或租用成本）。接着，Barros 和 Matias（2006）探讨了使用随机成本边界分析法来研究 25 家葡萄牙旅行社经营效率。在该研究的文献综述中，他们对早期应用前沿分析法对旅游部门（主要是酒店和旅行社）效率进行评估的文献进行了详细的研究综述，指出了 DEA 方法是应用最为广泛的方法。在文章中，Barros 和 Matias 基于文献综述和数据的可获取性，确定了按照不变价格计算的运营成本、劳动价格、股票价格、资产价值为投入变量，以及设定样本中西班牙企业在葡萄牙的市场份额和并购活动作为虚拟投入变量，最后按不变价格计算的销售额作为产出变量。最终的研究结果显示，影响部门效率的主要因素是资本、劳动力、销售额和并购活动。同年，Wöber（2006）先后采用投入导向型和产出导向型的 VRS-DEA 模型对澳大利亚某旅游企业 2003 年的 80 家分支机构经营效率进行分析。同时也采用了超效率 DEA 模型来计算确定有效机构的排名。他将投入变量分为可控变量与不可控变量。可控投入变量包括员工、租金、市场营销及其他可变与固定成本、员工数量和员工的工作经验；非可控变量包括居住在各机构附近的居民人数、能见度和竞争力指数、公共交通的便捷程度。产出变量包括旅游合同总数、总营业额和边际贡献率。在文章的最后，作者从投入和产出两方面为旅行社管理者提高经营效率提出意见。一年后，Köksal 和 Aksu（2007）使用投入导向型 DEA 对土耳其 Antalya 地区的 24 家旅行社进行效率评价。同时，他们也采用了 Mann Whitney U. 检验来分析旅行社所有权与其效率水平之间的关系。最终结果显示这两者之间并不存在显著性联系。后来 Ramón Fuentes（2011）也采用了同样的模型和检验方法对西班牙地区 22 家旅行社效率进行测评，以及分析影响效率结果的因素。结果同样显示，旅行社经营效率只与旅行社的选址有关，与其所有权性质和旅行社的经营经验无关。

在旅游餐饮业方面，Eugene 和 Kyuwan（2010）对某连锁餐饮公司旗下三大品牌餐厅的136家门店数据进行整理，并利用DEA方法对这三大品牌的经营效率进行了对比评估。结果显示，三大品牌的经营效率的确不同，并指出一旦出现公司给定相同投入，但出现规模收益递减导致无法生产出等价的产出值时，非常有必要找出这些有问题的餐厅，并计算出在不浪费现有的人力和财产资源投入的情况下可努力提升的效率值。只有这样，管理者才能避免品牌资源管理的错误配置。

在酒店业方面，Morey和Dittman（1995）首次以每间房支出、燃料成本、工资、非工资性支出、广告支出和行政管理支出为投入指标，以总收入、服务水平评价等级、市场份额和增长率为产出指标，应用DEA方法对54家旅游酒店运营效率进行了评价。随后，越来越多的人均用同样的方法对不同国家或地区的酒店效率进行了评价。如Barros（2005）以员工数量、劳动成本、客房数、酒店占地面积、财产账面价值、运营成本和其他成本为投入指标，以销售额、客人数、每晚总花费为产出指标，对葡萄牙地区42家酒店1999~2001年的效率进行了测算，结果发现，大多数酒店是有效的，酒店经营有效性的关键在于其规模经济与区位条件。后来，Barros和Dieke（2008）共同对非洲某地区12家酒店2000~2006年的技术效率进行了评价，并参考应用Simar和Wilson（2007）的自举法来估计技术效率背后的经济驱动因素。结果发现，尽管技术效率值在观测期内是增加的，但是效率增加值是下降的。同时，酒店的市场份额、经营模式、国际化都影响着效率值的变化。Brida等人（2012）对意大利地区21个酒店部门的纯技术效率进行了评价。他们先将所有地区按照相对距离分成3组，按照平均距离分成两组，分别应用DEA模型进行效率测算，最终发现，酒店效率的变化并不是仅仅与其地理位置相关，同时与企业结构也存在联系。Oliveira等人（2013）则对葡萄牙某著名高尔夫旅游地区4星级及以上的酒店效率进行了评价，并将开设了高尔夫课程与未开设课程的酒店效率进行了比较分析。研究发现，酒店的星级并不是影响酒店效率水平的主要原因，区位及是否开设高尔夫课程才是影响该地区酒店效率水平的主要原因。

（2）旅游目的地

Barros等人（2011）认为旅游资源的利用效率可以反映旅游目的地的竞争力水平，他们基于DEA模型对法国22个旅游目的地绩效水平进行测算，发现法国各旅游目的地的效率值差异性较大。为进一步找出影响各旅游目的地效率的主要原因，他们继续利用自举截断回归模型进行分析，发现影响法国各旅游目的地效率的主要驱动因素在于滨海旅游产品的策划，尤其是将海洋、阳光、沙滩与养老政策结合起来的旅游产品策划。此外，他们还发现旅游目的地的主题公园、遗址遗迹、博物馆、滑雪胜地和自然公园的发展丰富了游客的旅游活动内容，能延长游客的停留时间，也就能提高该地的旅游绩效水平和旅游竞争力。Wu（2011）也认为旅游竞争力排名对于如何丰富旅游目的地竞争力具有非常强的参考作用，然而采用何种方法计算这种排名需要审慎考虑。为此，作者们利用超效率 DEA 模型、GST 模型和 ANN 模型分别对 133 个国家及地区的旅游效率进行测算，最后利用 Borda 计分方法进行综合计算。研究结果显示不同的计算方法的确会产生不同的结果。但在对旅游竞争力排名进一步分析时发现，尽管超效率 DEA 模型产生的排名与其他方法产生的排名结果明显不同，但更为适用。Medina 等人（2012）利用产出导向型的三阶段 DEA 模型过对西班牙和葡萄牙地区 22 个阳光沙滩旅游目的地 2003~2008 年的旅游效率进行测量，结果显示，50% 的旅游目的地处于生产前沿面上，而且这些有效 DMU 集中表现为三大特点：目标客源市场为大众旅游群体；提供的服务质量水平较高；外国游客比例较高。研究结果还表明，对高效率的旅游目的地可在一定程度上增加投入来提高规模收益；对低效率的旅游目的地则不必提高资源投入以免造成资源闲置浪费，更应该改善目前的管理服务水平。Alzua-Sorzabal 等人（2015）认为尽管互联网已经发展成为旅游目的地的重要营销渠道，却很少有人量化研究这种营销渠道的效率。为此，作者首次利用 DEA 方法评价了某地区的 3 个主要旅游城市及该地区整体的旅游网站的营销效率。

（3）旅游交通

国外应用 DEA 方法对旅游交通业效率的测算主要集中在航空业。Gillen 和 Lall（1997）开创了运用数据包络分析法研究机场效率的先河。他们对 1989~1993 年美国 21 个机场的各项数据进行收集，并将各机场的服务分为两类，并分别对这两类服务的效率值进行了计算。继 Gillen 和 Lall（1997）之后，应用 DEA 方法对航空效率进行研究的文献逐渐增多。如 Parker（1999）利用 DEA 方法分析了私有化对英国航空公司效率的影响作用。实证证明，私有化对航空公司的技术效率并未产生明显影响。

Barros 和 Dieke（2007）则利用 DEA 工具对 31 家意大利机场 2001~2013 年的经济运营效率进行了测评，并利用 Mann-Whitney U 检验分别对机场规模大小、机场管理权和荷载量与经营效率之间的关系进行了检验，结果显示，机场规模越大，效率越高；私人管理比公共管理更有效；载荷量越高，效率越高。Sergio Perelman 等人（2012）随后对拉丁美洲 21 家航空公司进行了效率测算，也证实了民营机场享有更高的全要素生产率。Ha 等人（2013）以东北亚 11 个主要机场为样本研究了市场结构对航空公司生产力的影响，他们首先应用 DEA 和 SFA 方法对每个航空公司的效率进行了测算，随后利用 Tobit 回归模型来确定影响航空效率的因素。Merkert 等人（2013）同样应用二阶段 DEA 方法测算了 2007~2008 年 18 家欧洲公共服务航空公司的技术效率，随后使用截断回归来确定影响公共服务航空公司效率值的因素，结果显示，航空公司效率与其所有权并无实质性联系。Abbott（2015）也采用了两阶段 DEA 模型来对新西兰的 13 个机场效率进行研究，但与 Merkert 等人不同的是，在应用二阶段 DEA 模型测得的效率值进行回归分析之前，还用了超效率 DEA 模型研究了新西兰三大主要航空公司的全要素生产率动态发展状况以期观测新西兰航空在结构体制改革背景下的效率表现情况。

1.3.2.2 国内研究综述

通过对国内引用频次较高文献的整理，目前，国内应用 DEA 方法对旅游效率进行评估的研究对象对国外有所差别，国内主要集中在区域旅游、旅游企业、旅游目的地等较为宏观的层面。

（1）区域旅游

区域旅游效率评价是国内应用 DEA 方法评价旅游业效率最热门的方面。张根水等（2006）、陆相林（2007）、于秋阳等（2009）先后利用 DEA 模型中的 C2R 模型对多个省或地级市的旅游产业效率进行了评价。金春雨等（2012）采用三阶段 DEA 方法对国内 31 个省级区域 2007~2009 年的旅游业纯技术效率、规模效率和综合效率进行了测算。结果显示，我国旅游业规模效率普遍较低，并且严重影响了旅游业综合效率的提高，即剔除了环境因素和随机因素干扰后的综合技术效率受规模效率变化的影响程度较大；环境因素、资源承载力的约束和经营水平都影响着我国旅游业效率的改进。梁明珠等（2013）、龙祖坤等（2015）均利用 DEA-MI 模型来研究区域旅游产业效率。其中，梁明珠等（2013）从时间维度出发，利用 DEA-MI 模型对广东省 21 个地级市 2004~2010 年的旅游效率发展规律进行了研究，最终按照效率值大小将各年各市的效率值划分为 4 种类型，并结合各市的演变规律得到了 4 种演变模式。龙祖坤等（2015）首先利用 DEA 模型对 2009~2013 年武陵山区 25 个县（市）的旅游扶贫效率进行了评价，然后结合 MI 指数模型得出的效率值，最终将 25 个县（市）分为潜力型、朝阳型、黄金型和夕阳型 4 种，并对不同类型的贫困地区提出了相应的扶贫模型。李瑞等（2014）以 3A 级以上旅游景区（点）数、三星级以上饭店数和旅行社总数为投入指标，以旅游总收入和总人数为产出指标，分别采用传统 DEA 模型、Bootstrap-DEA 纠偏模型和 MI 指数模型对我国东部四大沿海城市群的旅游业发展效率及其时空演化特征进行了测算与分析。

（2）旅游企业

目前，国内对旅游企业效率的测算主要集中于旅游上市公司、旅行社和星级饭店。

胡燕京等（2006）利用 DEA 方法对我国上市旅游公司 2005 年的经营绩效进行了测算。他们以各公司的总资产、营业费用和管理费用作为投入指标，以主营业务收入、净利润和每股收益为产出指标对 27 家上市旅游企业的总效率、纯技术效率、规模效率、规模效益和生产前沿面有效投影 5 个方面进行了分析。郭岚等（2008）则首先通过因子分析法对投入与产出指标体系进行了筛选处理，将多个投入产出指标归结为几个具有明确经济含义的公共因子，进而再将它们应用 DEA 模型进行测算，最终得到了 20 家上市旅游公司的旅游经济效率。周文娟等（2013）同样利用 DEA 模型对国内 18 家旅游上市公司 2007~2011 年的投资效率进行了评价，结果显示我国大多数旅游上市公司的旅游投资效率偏低，不同类型的公司存在较大差异。同时，作者在测评的过程中也发现，应用 DEA 方法对旅游上市公司的投资效率进行测评是可行且有效的。

卢明强等（2010）以旅行社的固定资产、从业人数和企业数 3 项指标作为投入指标，以旅行社业的营业收入、利润和税金 3 项指标作为产出指标，利用同样的方法对我国 31 个省份的旅行社业的技术效率、纯技术效率、规模效率和规模报酬 4 个方面进行了测算。结果显示，各省份效率值存在明显的区域差异。

谢春山等（2012）利用超效率DEA模型对2002~2009年我国国内五星级酒店的纯技术效率和规模效率进行了测算，并对其综合效率依照不同的分区进行了收敛性检验。结果显示区域差异较大，东部与西部地区的差距还在呈现扩大化。此外，该研究还发现我国五星级酒店的规模效率对综合效率的作用明显强于纯技术效率所起的作用。方叶林等（2013）则基于改进的DEA模型对国内31个省域的星级酒店2000~2009年的效率值进行了测评，也发现了国内星级酒店效率值的变动主要受规模效率的影响。此外，作者还进一步对相对效率值进行了空间相关分析，最终将我国的星级酒店所在省份按照效率值的变化特点划分为扩散效应区、过渡区、低速增长区和极化效应区4种类型。

（3）旅游目的地

马晓龙等（2009）、曹芳东等（2014）先后对我国国家级风景名胜区进行了效率测评。其中，马晓龙等（2009）利用DEA方法与空间对比分析法对我国136个国家级风景名胜区的使用效率进行了测算和空间特征分析。结果表明，我国国家级风景名胜区的使用效率普遍较低；规模效率是影响总效率变动的主要原因。曹芳东等（2012）则利用DEA方法与CEA生产函数模型分别对1994年、2000年和2009年国家级风景名胜区旅游效率进行了测算，并进一步探讨了旅游效率值与区位可达性之间的关系。随后，曹芳东等（2014）继续利用DEA方法对我国国家级风景名胜区旅游效率的动态空间格局和其驱动机制进行了进一步研究。结果表明，大多数国家级风景名胜区的旅游效率不高，即多数处于无效率状态；综合效率重心的变化轨迹较大，经历了先西偏南再东偏北再西偏南的过程；经济发展水平、产业结构、交通状况、资源禀赋、制度供给和信息技术均是影响旅游效率重心偏移的重要原因。

此外，黄秀娟等（2011）借助DEA方法对国内森林公园在2003~2008年的发展效率从技术效率、纯技术效率和规模效率3个方面进行了评价。结果显示，国内森林公园的纯技术效率普遍较高，但个体间仍差异明显；纯技术效率对技术效率的影响力较大，因此，通过调整投入规模与结构能有效提高森林公园的旅游发展效率。

孔庆书等（2013）运用DEA模型中的CCR和BBC模型对河北省12个休闲农业

与乡村旅游示范点 2011 年的综合效益、经济效益和社会效益 3 个方面分别进行了效率评价。其中，综合效益的输出指标既包含年安置就业人数，又包含年营业收入；经济效益的输出指标只包含年营业收入；社会效益的输出指标只包含年安置就业人数。最终结果显示，河北省休闲农业不论是整体效率，还是经济效率，又或者是社会效率水平普遍低下。

刘改芳等（2013）利用 DEA-MI 模型对山西省 18 个人文类景观 2008~2010 年的旅游效率进行评价，结果显示山西省文化旅游业效率较低，全要素生产率较高，表明山西省的资源配置能力较低，但有显著性提高。同时，作者还指出人文类景区仅依靠门票经济不能解决文化旅游业的可持续发展问题。

杨春梅等（2014）对 17 个省（直辖市）的冰雪旅游产业效率进行了分析，并按照东、西、中三大地带对所测得的效率值从空间上进行了划分，结果发现，大多数省份（直辖市）的冰雪旅游产业效率值较低，并且存在明显的区域差异；大多数省（直辖市）的投入要素配置不合理；冰雪旅游产业需要利用集聚效应来开发。

（4）其他

李艳双等（2001）利用 DEA 模型对某城市 1990~1999 年的旅游可持续发展系统进行了效率评价，并发现对该城市应用 DEA 方法进行纵向评价是可行的，同时指出 DEA 方法也可以应用于不同城市间的横向比较。薄湘平等（2006）基于传统 DEA 模型中的 C2R 模型，以及改进后的 C2GS2 模型对我国六类旅游者群体评估旅游部门服务质量的结果进行评价。其中，以每次出游人均花费、一日游花费及平均停留时间作为投入指标，以旅游者群体对服务质量的感知等级作为产出指标，最终发现，只有台湾游客对我国旅游部门的服务质量评价为非 DEA 有效，即台湾游客不满意我国旅游部门的服务质量。刘长生等（2012）以景区员工工资性支出、固定资产投资性支出、办公支出、燃料支出、金融性转移支出和其他支出为投入指标，以景区旅游总人次和旅游景区环境质量指数为产出指标，基于投入 - 产出导向型的 DEA 模型和 SFA 模型分别对张家界景区环保交通服务效率进行了评价。尽管研究发现该公司利用 DEA 方法相较 SFA 方法而言，存在高估经营管理的无效率水平，但 DEA 方法相较于 SFA 方法的优点在于不需事先估计函数形式。阎友兵等（2013）通过 DEA 方法对我国六大旅游电子商务网站的效率进行了评价，并从最终投影和对比分析的结果中对同程网的建设改进提出了针对性的意见。

1.3.3 研究述评

综上所述，在旅游非均衡问题上，国内外研究均较为丰富。国外关于旅游非均衡问题的研究在角度、内容、研究方法上都较为丰富。研究角度具有多样性，研究的跨度上较广阔，涵盖了从洲际间到街区之间的研究分析；研究方法上以定量研究为主，运用统计地图的方式进行直观表达，也有一些采用最近邻法、构建集聚指数模型、游客感知图、ARIMA 模型、在 GIS 基础上采用电子调查方法和多元回归等多种方法相结合等一些定量研究方法。

国内的研究相对于国外的研究，不管在内容上还是在方法上，均表现出一定程度上的单一性与缺乏系统性。定性研究的成果比定量研究的成果多，省域层面的相关研究比全国层面的研究多，研究区域的跨度还不够广阔。从整体来看，国内在旅游非均衡方面还存在一定的不足，需借鉴国外研究的优点，在研究内容、研究方法、研究跨度上继续创新，开展多角度、多层次、更深入的系统性研究。

1.4 研究方案

1.4.1 研究内容

根据上述研究背景与研究意义，本文主要研究内容如下。

（1）建立研究基础

首先对国内外关于时空分异、非均衡性评测、均衡发展等方面的理论与研究进展进行简要的评述。对涉及的相关概念进行界定，包括“增长极”理论、“竞争优势”理论、“系统论”。从而构建本文相关研究的理论支撑体系。

（2）梳理研究区域概况

对广西 1954 年以来旅游业发展的概况，包括旅游资源概况、旅游业发展的几个阶段、旅游业发展的历时特征进行梳理归纳，以此全面了解广西旅游业发展的情况。

（3）考察时空分异状况

对广西旅游业发展的时空分异状况进行分析，选取旅游总消费、游客接待人数、A 级景区数量、国民生产总值（GDP）、公路里程、铁路营运里程等面板数据为考察指标，利用标准差（S）、变异系数（CV）、赫芬达尔系数（Hn）和区位熵（Qi）等方法来计算广西 14 个城市之间的旅游发展差异。

（4）旅游发展水平评价

综合数据可获得性与区域实际选取数据，构建评价体系，对广西各城市旅游发展水平进行评测评价。运用熵值法对各指标进行赋权，从而计算 14 个城市的旅游发展水平综合得分。运用 R 软件对 14 个城市的得分情况进行 K-Means 聚类分析，并对城市的分类结果进行描述分析。

（5）时空分异成因探析

探究造成广西旅游产业发展时空分异的成因，分为驱动因子识别、约束因子识别、核心因子识别。深入探究影响广西旅游产业发展差异的内在机理，根据 K-Means 聚类结果与分析，探究 14 个城市旅游发展水平的影响因子，明确影响城市旅游发展的优势因素与劣势因素，并通过 SPSS 20.0 统计学软件，寻找影响广西城市旅游发展水平的核心因子。

（6）旅游产业效率测算

利用投入导向型 DEA 模型和曼奎斯特指数模型对广西各市 2006~2016 年的旅游技术效率和旅游全要素生产率进行计算，并结合旅游产业效率的时空演化情况对广西旅游产业效率特点进行归纳总结；同时分析了广西旅游产业效率的影响因素。

（7）均衡化发展对策研究

根据前几个阶段的梳理、分析、归纳、探究，立足广西旅游业发展基础与发展现状，从区域与全局两个层面提出均衡化策略。区域方面：围绕城市的不同与共性特点，构建广西城市旅游发展模式，对每个发展类型特征进行描述，提出提出针对性发展策略。全局方面：结合“系统论”“增长极”等理论，提出全面布局、产业扶持、合理定位、跨地合作等全局性均衡化发展策略，为广西乃更大区域的旅游产业均衡化发展提供科学指导与实践价值。

（8）研究结论与总结

对本研究的内容、方法、成果进行梳理、归纳、整理，明确研究成果的不足与欠缺之处，并指出下一步研究的改进措施与方向。

1.4.2 研究方法

（1）文献分析法

本文系统查阅了与本研究相关的大量文献，构建研究的理论基础，同时通过查阅大量资料，对广西整体概况，特别是旅游资源概况、旅游业发展概况进行梳理归纳。文献收集的渠道众多，包括桂林理工大学图书馆、CNKI 中国学术期刊网络出版总库等学术文献数据库；广西统计信息网、广西旅游政务网、各地市旅游政务网等相关旅游主管部门、统计部门官方网站；还包括百度、谷歌等网络搜索引擎等。

（2）定量分析法

本文在对广西旅游的非均衡性评价阶段运用到多种定量方法，有标准差（S）、变异系数（CV）、赫芬达尔系数（Hn）和区位熵（Qi）；在旅游城市发展水平的评价阶段，运用熵值法对指标进行赋权计算，将通过以上方法，对广西旅游发展的时空分异状况及旅游发展水平进行探究分析。

（3）比较分析法

比较分析法又叫对比法，无论在自然科学、社会科学及日常生活中多应用广泛。该方法试图通过比较、对比事物之间的相同点与不同点，从而达到对各事物深入了解、认识的目的。比较分析法在本文的时空分异分析、城市旅游发展水平聚类分析、旅游发展时空分析成因探析等方面运用广泛，通过横向比较，分析各研究个体在不同指标、不同因素方面的差异，通过纵向比较，分析各研究个体在同一环境、同一时期的不同表现，对研究个体的趋与同进行了充分且全面的比较分析。

（4）模型分析法

本文首先引用了数据包络分析法模型与曼奎斯特指数模型对旅游总效率与旅游全要素生产率分别进行了测算，随后结合各市在各阶段的表现情况，首次将 DEA 模型与 MI 模型结合起来，将各市在各时间阶段的表现划分为 6 种类型，并研究了这 6 种类型散点在时间序列上的变化情况。最后为进一步挖掘影响各市旅游产业效率的影响因素，本文建立了面板数据模型，并在其基础上分别对旅游总效率和旅游全要素生产率的影响因素进行了定量分析。

1.4.3　数据来源

在数据的统计上，考虑到了统计的难易程度及统计的范围等达到一致，所以将范围定位在广西壮族自治区内的各城市，对旅游数据进行汇总。着手从各个市的旅游接待人数、旅游总消费、旅游资源分布情况、交通状况等数据进行汇总，这些数据主要来源于各年份《中国旅游业统计公报》《广西统计年鉴》及各地市《国民经济与社会发展统计公报》。

在统计数据的过程中，对部分数据进行了处理：在统计 2008~2017 年旅游总消费数据过程中，当年度的入境旅游收入以美元为单位，而国内旅游总消费则以人民币为单位，最终采取了当年度美元兑人民币汇率的平均值进行换算，以此达到统计数据单位的统一；在收集较早年份的旅游总消费和旅游总接待人数的过程中，发现某地统计数据与《广西统计年鉴》中的数据有所出入，最终结合《国民经济统计公报》中公布的增长率等选定数据；其他部分统计数据遇到单位不一致等问题，均进行了综合对比之后再予以确定。整体而言，数据准确性得到保证，无严重失真情况。

第 2 章　相关概念与理论基础

2.1　相关概念

2.1.1　旅游业

旅游业又被称为旅游产业，是以旅游资源为依托，以旅游设施为载体，从事游客招揽、游客接待，以满足旅游者餐饮、交通、游览、购物、文娱、住宿 6 个方面旅游活动的综合性服务行业。旅游业、交通客运业及以旅游饭店为代表的住宿业，共同组成了旅游业的三大支柱。严伟（2016）把旅游业又分为狭义和广义的旅游业。狭义的旅游业主要是指依托旅行社、旅游饭店、旅游娱乐场所、旅游商品经营、车船公司等专门从事旅游商业活动的行业；而广义上的旅游业除了包括狭义旅游业中从事专门的旅游商业活动以外，还包括了与旅游相关的各行各业。

2.1.2　效率与生产率

经济学中的“效率”一词，最初由物理学概念引申而来。其一方面指的是单位资源的投入产出比；另一方面指的是单位时间的产出比。若以资源配置的角度对其进行概念的阐述，则可以解释为在产出水平既定的条件下，实现成本投入的最小化；又或者解释为在成本既定的条件下，实现产出水平的最大化。

在经济效率理论中，常被用作研究的有技术效率和配置效率。同样的，按照经济理论思想，技术效率也可以从投入与产出两种角度给出定义。从投入的角度来看，技术效率是指在生产技术、市场价格等条件不变的情况下，依照给定的要素投入要素比例，生产相同的产品所需的最小成本与实际成本之比；从产出的角度来看，技术效率是指实际的产出水平与一定投入规模、结构和市场价格的条件下所能达到的最大产出水平之比。也就是说，技术效率的实质是生产的实际值与最优值之比。当比值结果大于或等于 1 时，说明技术效率位于生产前沿面上，是有效的；当比值结果小于 1 时，说明落后于生产前沿面上，是无效的。技术效率还可以进一步分解为规模效率和纯技术效率，并为两者之间的乘积。纯技术效率是指当前生产点与规模报酬变化的生产前沿之间技术水平运用的差距。规模效率是指规模报酬不变的生产前沿与规模报酬变化的生产前沿之间的距离。配置效率则指在投入价格和生产技术不变的情况下，评价单元以最佳的组合来配置投入组合的能力。对于某一经济体想要实现利润的最大化，不仅需要看现有的技术效率，也要依据各投入的相对价格来进行合理的投入配置（投入配置效率）或依据产品的价格来生产适当的产品（产出配置效率）。

生产率的概念则不同于效率，指的是单位投入的产出水平。在产业经济学中常被用来研究的是全要素生产率。全要素生产率指的是某生产单元在一定时期内生产总产出与总投入的比值。全要素生产率是指全部生产要素（除去劳动力和资金）的投入量不变时，而生产量仍能增加的部分，通常是指由纯技术进步带来的生产率增长。全要素生产率根据研究时期的分类，可以分为同一时期下的全要素生产率和不同时期下的全要素生产率。本文选取了不同时期下的全要素生产率来进行研究。

2.1.3　区域发展非均衡

均衡，英文 equilibrium，它是源自于物理学中的概念。在物理学的研究中，当几个来自不同方向的外力共同作用到同一个物体，而该物体能够保持匀速运动状态或者静止状态，那么此时外力的合力则为零，此时的这种状态就被称为“均衡”。“均衡”一词在经济学中也得到了广泛应用，在经济学中，均衡的定义描述如下：各种影响经济水平的变量相互作用，彼此之间又能相互抵消，从而达到一种平衡的或者不再有进一步变化的状态。本文中所涉及的均衡方面研究，主要集中在对研究单元的旅游发展水平差异评价及均衡化发展策略方面。

从当前对区域发展非均衡的相关研究中来看，目前学术界对此还没有形成统一的概念，但围绕着“区域发展非均衡”这个中心词，专家学者往往用“区域发展差异”“区域发展差距”等几个类似概念来代替。区域发展非均衡即区域发展呈现出不均衡的状态，这种非均衡性既可以说是发展的状态或结果，也可以说是发展的战略。前者既可以是静态也可以是动态，当表示发展非均衡状态时属于静态，当表示发展速度的差异时属于动态。后者是一种类似于“先富带动后富”的战略，让推动具有明显优势的区域先行发展，继而辐射周边，带动周边或其他区域的发展。区域发展非均衡性的内涵具有多样性，是一个综合概念，许多学者认为这种非均衡性现象是经济高速发展无法避免的副作用，非均衡是绝对的，均衡是相对的。目前，关于区域发展非均衡性的概念还未达成共识，在整理分析魏后凯（1994）、黄声伟（1996）、郝寿义（2007）等部分学者关于相关内容讨论的基础上，结合与本研究相关的的旅游业区域发展非均衡性文献的查阅，认为旅游区域发展非均衡性主要是指由于各区域本身的差异和外在因素的差异等使这些区域的旅游没有达到平衡状态。

2.1.4 旅游竞争力

目前，关于旅游竞争力的的内涵及其外延尚未达成明确、统一的界定，不同的人有不同的理解，如有些学者从某一区域旅游业发展的结果表现来理解，也有些从影响旅游业竞争力的因素的角度来理解。Hassan（2000）对旅游竞争力进行了定义，认为旅游目的自己的优势和外在机遇，是保持已有国内的市场地位和占领更多的国内甚至国外的市场份额的能力。根据前面学者们的相关研究，本文将旅游竞争力界定为旅游目的地相关行政部门及旅游企业利用本区域的旅游资源开发各种旅游产品和服务、营造旅游环境以满足现实或潜在旅游者需求，进而取得经济价值和社会效益的竞争能力。

2.2 相关理论

2.2.1 系统论

系统（System）是由相互联系、相互作用的诸多要素构成的，并且起到一定功能效用的有机整体。系统论是研究系统的结构组成、架构体系、运行规律、动态特征及内部相互作用与关系，并对其进行数学描述的新兴学科。系统论的首要前提是要把研究对象和分析对象看作一个整体，系统论的主要任务就是以系统整体为研究对象，来研究其整体和具体各要素之间的相互关系，通过梳理其内在机理，明确各要素功能特性、运行特点，从而达到整体把握系统，寻求最优解。本文对系统论的应用主要体现在对各城市整体旅游发展水平的评价分析及广西全区旅游均衡发展策略研究两个方面，通过系统论的应用，探究各影响因素与区域旅游产业发展水平之间的关系与机理，为均衡化发展策略的提出提供决策依据。

2.2.2　竞争优势理论

竞争优势理论有狭义与广义之分，狭义上的竞争优势理论是指美国著名学者迈克尔·波特创立的竞争优势理论；广义上的竞争优势理论比较宽泛，既包含了迈克尔·波特的竞争优势理论，又包含了创新理论、资源基础理论、垄断竞争理论、内生增长理论、核心竞争力理论、动态能力理论等。本研究依据的是以迈克尔·波特为代表的竞争优势理论，这一理论又被称为“钻石理论”，该理论强调生产要素、需求要素、产业因素、企业因素决定了一个国家某产业的竞争优势，同时，还要机遇和政府作用作为辅助，如图 2-1 所示。

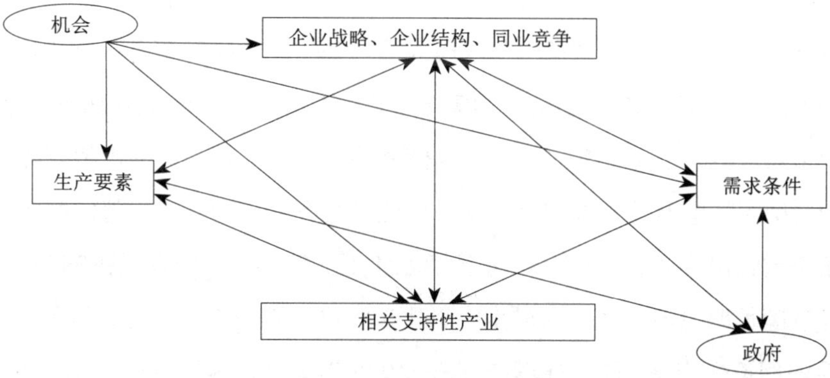

图 2-1　波特钻石模型

在这个模型中，生产要素包括自然资源和人为创造资源（人力、资本、知识等资源）；需求因素是指国内的市场相关需求；产业因素指相关产业与支持产业国际竞争力的有无；企业因素指国际市场需求的拉力与国内竞争对手的推力。机遇主要是指一些不能控制的、常打破现有的环境的重大外部变化；政府作用主要是通过相关政策、制度的制定影响某一产业的发展。

2.2.3 增长极理论

增长极，英文：Growth Pole，从物理学中“磁极”的概念引申而来，该理论的核心内容是在社会经济发展过程中，形成了经济效益较为集中、资本力量雄厚、技术能力发达、增长速度迅速的“增长极”，这种“极点”的出现源自某行业或某经济部门在某些领域迅速的集聚。增长极可以出现在某一区域，也可以出现在某一部门，它的出现往往对周边地区经济的发展具有良好的带动作用，是周边地区经济发展的一种强有力的领导者，推动者，对外围地区产生扩张效应。增长极理论对广西旅游业的发展具有重要意义，本文对增长极理论的应用，主要集中在均衡化发展策略方面，当某一个城市各区域旅游发展水平均较为一般时，就可以通过培育区域增长极的方式来带动整个城市的旅游发展。

2.2.4 经济增长理论

经济增长问题一直以来都是经济学家们所关注的主要问题。从亚当·斯密于1776年出版《国民财富的性质和原因的研究》一书以来，世界古典经济政治经济学形成。在该书中，亚当·斯密指出，国民财富增长的动力来于3点：劳动分工、资本积累和技术进步，同时市场容量的规模决定了分工水平的大小。到1928年，英国著名经济学家弗兰克·拉姆齐在一篇名为《储蓄的一个数学理论》文章中解释了动态非货币均衡模型中的消费和资本积累原理，构建了拉齐姆模型。这一著作首次以动态研究的视角研究经济增长的问题，标志着新古典主义的到来。但在后来的众多研究中，新古典经济增长理论研究在技术进步内生化过程中暴露出各种问题，导致20世纪70年代以后该理论研究逐渐走向衰落，直到1986年罗默发表《内生技术变化》一文，才重新给了经济学家们新的支撑。在该文中，罗默首次视资本和技术为中间产品，引入收益递增，将中间产品的种数视为技术进步，巧妙地避开了新古典经济增长理论中出现的规模报酬递增及边际报酬不变与模型自洽的矛盾。随后卢卡斯于1988年率先注意到索洛忽视和低估的余值，通过将资本分解为人力资本和物质资本，并解释了人力资本的溢出效应，成功实现了技术进步的内生化。罗默与卢卡斯的研究成果把经济增长理论研究带向了新的阶段，新经济增长理论诞生。新经济增长理论的核心观点认为技术进步及知识和人力资本的积累决定着经济增长率。该理论发展到现在，主要的实证研究有两类，一是增长核算，二是增长回归。研究的主要方法则经历了从简单一元回归到多元回归，再到平行数据与时间序列分析和非参数估计分析的过程。研究过程中的假设条件也经历了从竞争性市场结构到竞争性市场结构与外部性条件相结合，再到非竞争性市场结构。假设条件不断放松，使得研究成果越加丰富。

第3章　广西旅游业发展概况

通过查阅文献资料，本章对广西1954年以来旅游业发展的概况，包括旅游发展历程、旅游市场概况、旅游接待能力、旅游发展特征等状况进行了系统性的梳理与归纳，以此全面了解广西旅游业的发展情况。

3.1　旅游发展历程

近年来，广西旅游业在我国社会经济发展成果的基础上也得到了飞速发展，其发展历程主要有5个阶段，具体情况如表3–1所示。

表3–1　广西旅游业发展历程表

阶段	时间	特点
接待事业阶段	1952~1978年	主要负责外事接待工作，属于“接待事业型”旅游业
产业奠基阶段	1978~1990年	以桂林市为代表的具有现代意义的广西旅游业产生,旅游业由“接待事业型”开始向“经济产业型”转变
产业形成阶段	1991~1997年	广西旅游业成为区内国民经济中的新兴和特色产业，发展具有一定的深度和广度
旅游大省建设阶段	1998~2005年	旅游业受到政府部门的高度重视，旅游业成为我区国民经济的重要组成部分；全区旅游管理体制与机构逐步建立，旅游政策法规逐步完善；旅游基础设施不断改善；旅游产品由过去单一的观光旅游产品向观光、度假和专项旅游产品相结合转变

续表

阶段	时间	特点
旅游强省建设阶段	2006 年至今	第一，产业体系升级阶段（2006~2012 年）：广西旅游发展的产业体系进一步升级，为后期实现跨越发展奠定了坚实的基础，如《广西旅游业发展“十一五”规划》印发实施，全面实施广西建设旅游强省发展战略；《广西壮族自治区旅游条例》开始施行；广西启动桂林国家旅游综合改革试验区建设；《桂林国际旅游胜地建设发展规划纲要》获批复，桂林国际旅游胜地建设全面启动等； 第二，产业跨越发展阶段（2013 年至今）：各级党委、人大、政府、政协和各有关部门对旅游业给予了前所未有的重视，将旅游业上升为国民经济的战略性支柱产业，全力推进，以破解旅游业发展瓶颈问题为导向加大改革力度，通过体制和机制创新推进转型升级、提质增效，为旅游业跨越发展注入了新的强劲动力

3.2 旅游市场概况

3.2.1 总体市场情况

广西主要年份旅游市场主要指标如表 3–2 所示。

表 3–2 广西主要年份旅游市场主要指标

年份	接待入境旅游者人数（万人次）	国内游客人数（万人次）	国际旅游外汇消费（亿美元）	国内旅游消费（亿元）	旅游总消费（亿元）
1995 年	41.8	1450.0	1.2	17.4	28.3
2000 年	124.0	3951.0	3.1	146.8	168.6
2005 年	146.2	6493.0	3.6	277.8	303.7
2008 年	201.2	9472.6	6.0	477.2	518.9

续表

年份	接待入境旅游者人数（万人次）	国内游客人数（万人次）	国际旅游外汇消费（亿美元）	国内旅游消费（亿元）	旅游总消费（亿元）
2009年	209.9	11903.7	6.4	662.5	706.3
2010年	250.2	14074.0	8.1	898.1	952.9
2011年	302.8	17257.0	10.5	1209.5	1277.8
2012年	350.3	20778.0	12.8	1578.9	1659.7
2013年	391.5	24264.0	15.5	1961.3	2057.1
2014年	421.2	28565.0	17.3	2495.0	2601.2
2015年	450.1	33661.0	19.2	3136.4	3254.2
2016年	482.5	40419.0	21.6	4047.7	4191.4
2017年	512.4	51811.9	24.0	5418.6	5580.4

注：以上数据来自《中国旅游业统计公报》《广西统计年鉴》、各地市《国民经济和社会发展统计公报》，因部分资料缺失，仅能找到以上年份数据。

2008年以前，因部分资料缺失，仅收集到1995年、2000年和2005年3年的断点数据。从这3年的数据来看，广西旅游市场主要指标数据均呈现较大幅度的增长，其中1995~2000年的5年间各项指标数据增长速度远大于2000~2005年的5年各项指标数据增长速度，1995~2000年期间，广西旅游市场实现了跨越式发展，旅游接待总人数增长了2.73倍，旅游总消费增长了5.95倍，而在此后5年，旅游市场呈现平缓发展的态势，旅游接待总人数增长了1.63倍，旅游总消费增长了1.80倍。

2008~2017年的10年数据完整。从以上数据来看，10年间，广西旅游市场各项主要指标呈现稳步增长的态势。2017年，广西旅游接待总人数已达52324.3万人次，旅游总消费已达5580.4亿元。10年间，旅游接待总人数增长了5.40倍，旅游总消费增长了10.75倍。

3.2.2 国内市场情况

广西主要年份国内游客人次、国内旅游消费及增长率如表3-3所示。

表 3-3　广西主要年份国内游客人次、国内旅游消费及增长率

年份	国内游客人数（万人次）	国内游客人数增长率（%）	国内旅游消费（亿元）	国内旅游消费增长率（%）
1995 年	1450	—	17.4	—
2000 年	3951	172.48	146.8	743.68
2005 年	6493	64.34	277.8	89.24
2008 年	9472	45.89	477.2	71.78
2009 年	11903	25.66	662.5	38.83
2010 年	14074	18.23	898.1	35.56
2011 年	17257	22.62	1209.5	34.67
2012 年	20778	20.40	1578.9	30.54
2013 年	24264	16.78	1961.3	24.22
2014 年	28565	17.73	2495.0	27.21
2015 年	33661	17.84	3136.4	25.71
2016 年	40419	20.08	4047.7	29.06
2017 年	51812	28.19	5418.6	33.87

注：以上数据来自《中国旅游业统计公报》《广西统计年鉴》、各地市《国民经济和社会发展统计公报》，因部分资料缺失，仅能找到以上年份数据。

广西主要年份国内旅游发展情况如图 3-1 所示。

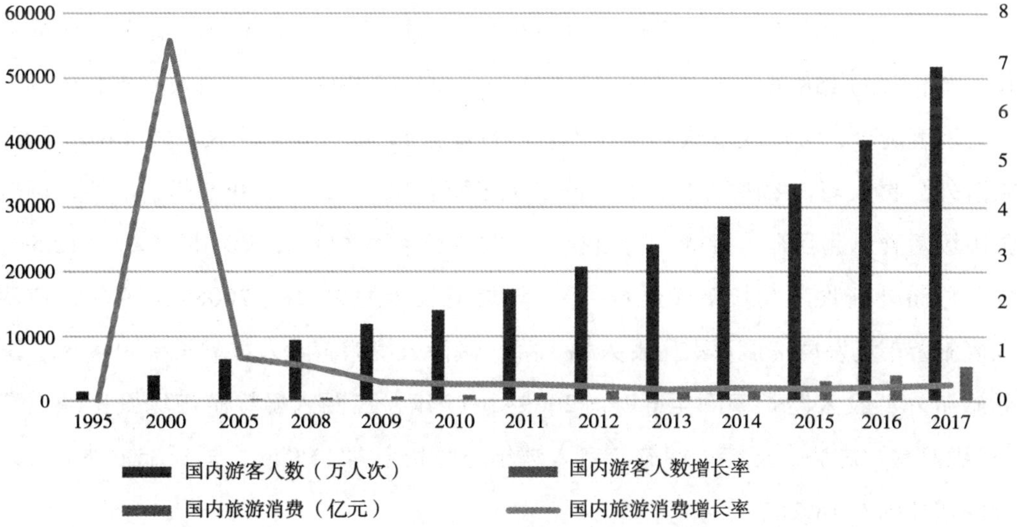

图 3-1　广西主要年份国内旅游发展情况

由表 3-3 和图 3-1 可知，1995~2017 年，广西国内旅游人数、国内旅游消费呈现快速上升态势。

其中，1995~2000 年，广西国内旅游人数增长率为 172.48%，国内旅游消费增长 743.68%；2000~2005 年，广西国内旅游人数增长率为 64.34%，国内旅游消费增长率为 89.24%；2005~2008 年，广西国内旅游人数增长率为 45.89%，国内旅游消费增长率为 71.78%。

在此后的 2008~2017 年的 10 年间，广西国内旅游市场呈现了"持续平稳发展"态势，国内旅游人数及国内旅游消费均呈现稳定、持续增长的态势。期间，2012 年较 2008 年国内旅游人数增长了 11306 万人次，增长率为 119.36%，国内旅游消费增长 1101.7 亿元，增长率为 230.86%；2017 年较 2012 年国内旅游人数增长了 31034 万人次，增长率为 149.35%，国内旅游消费增长 3839.7 亿元，增长率为 243.03%。2017 年较 1995 年，国内旅游人数增长 50362 万人次，增长率为 3473.32%，国内旅游消费增长 5401.2 亿元，增长率为 31041.39%。

3.2.3 入境市场情况

如表 3-4 和图 3-2 所示，1995~2017 年，广西接待入境旅游者人数、国际旅游外汇收入呈现快速上升态势。其中 1995~2000 年，广西入境旅游市场进入高速发展时期，接待入境旅游者人数增长率为 196.7%，年均增长率为 39.3%，国际旅游外汇收入增长率为 158.3%，年均增长率为 31.7%；2000~2005 年，广西入境旅游市场的发展速度陡降，接待入境旅游者人数增长率降至 17.9%，年均增长率为 3.6%，国际旅游外汇收入增长率降至 16.1%，年均增长率为 3.2%；2005~2008 年，广西入境旅游市场发展迅速回升，接待入境旅游者人数增长率为 37.6%，年均增长率为 12.5%，国际旅游外汇收入增长率降至 66.7%，年均增长率为 22.2%；2008~2009 年，广西入境旅游市场发展速度再次出现大幅下降，接待入境旅游者人数增长率为 4.3%，国际旅游外汇收入增长率降至 6.7%；2009~2017 年，广西入境旅游市场则呈现出了"平稳发展"态势，接待入境旅游者人数年均增长率为 11.94%，国际旅游外汇收入年均增长率为 18.2%。

表 3-4　广西主要年份接待入境旅游者人次、国际旅游外汇收入及增长率

年份	接待入境旅游者人数（万人次）	接待入境旅游者人数增长率（%）	国际旅游外汇消费（亿美元）	国际旅游外汇收入增长率（%）
1995 年	41.8	—	1.2	—
2000 年	124.0	196.6	3.1	158.3
2005 年	146.2	17.9	3.6	16.1
2008 年	201.2	37.6	6.0	66.7
2009 年	209.9	4.3	6.4	6.7
2010 年	250.2	19.2	8.1	26.6
2011 年	302.8	21.0	10.5	29.6
2012 年	350.3	15.6	12.8	21.9
2013 年	391.5	11.8	15.5	21.1
2014 年	421.2	7.6	17.3	11.6
2015 年	450.1	6.9	19.2	11.0
2016 年	482.5	7.2	21.6	12.5
2017 年	512.4	6.2	24.0	11.1

注：以上数据来自《中国旅游业统计公报》《广西统计年鉴》、各地市《国民经济和社会发展统计公报》，因部分资料缺失，仅能找到以上年份数据。

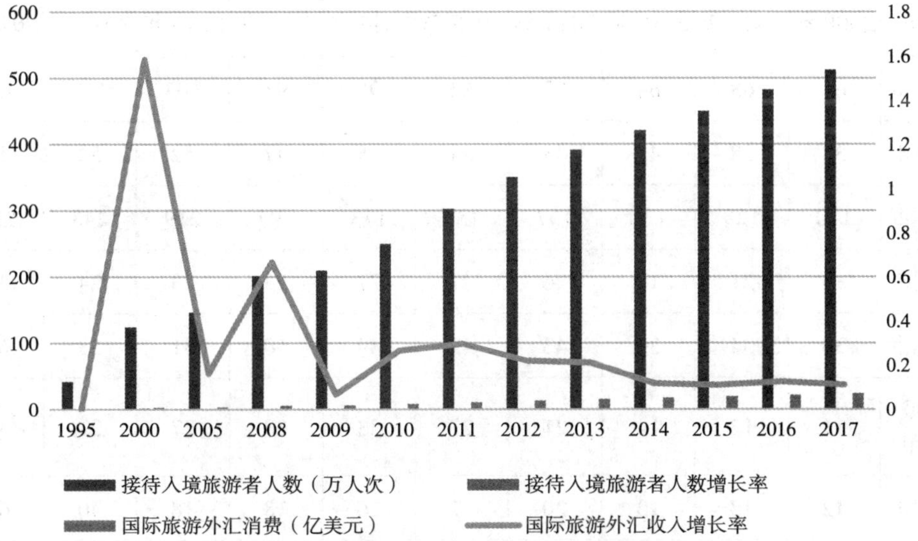

图 3-2　广西主要年份入境旅游发展情况

3.3 接待能力概况

3.3.1 旅行社概况

如表 3-5、图 3-3 所示，2008~2017 年 10 年间，广西旅行社总数量呈稳步增长态势，2008 年，广西共有旅行社总数为 397 家，2017 年增长至 830 家，增长了 109.06%，年均增长数量为 43.3 家，年均增长率为 10.90%，平均每个城市年增长 3.09 家。从局部来看，14 个城市中，旅行社数量最多的是桂林市，2008 年该市旅行社数量为 110 家，2017 年增长到 282 家，年均增长 17.2 家，年均增长率为 15.6%；旅行社数量最少的是来宾市，2008 年该市旅行社数量为 11 家，2017 年仍为 11 家，年均增长 0 家，年均增长率为 0。旅行社拥有数量最多的城市是旅行社拥有数量最少城市的 25.63 倍，差距明显。同时，从各城市旅行社数量的历时性发展上来看，各城市发展状况与广西整体发展状况保持一致。

表 3-5 广西 14 个城市旅行社数量（2008~2017 年）

城市	2008 年	2009 年	2010 年	2011 年	2012 年	2013 年	2014 年	2015 年	2016 年	2017 年
南宁市	67	68	64	73	83	95	93	103	118	131
柳州市	38	38	43	45	54	45	47	52	53	58
桂林市	110	129	130	157	156	173	195	219	243	282
梧州市	19	21	18	26	27	27	23	23	24	32
北海市	30	34	39	43	42	49	50	51	53	60
防城港市	11	12	14	21	27	33	28	27	27	30
钦州市	12	13	13	20	27	20	18	18	40	63

续表

城市	2008 年	2009 年	2010 年	2011 年	2012 年	2013 年	2014 年	2015 年	2016 年	2017 年
贵港市	15	16	15	16	20	20	23	18	19	19
玉林市	26	26	26	33	36	34	32	29	29	29
百色市	15	18	19	19	20	25	19	18	21	19
贺州市	12	13	16	16	18	18	15	16	16	20
河池市	18	22	25	31	36	38	36	36	39	41
来宾市	11	12	14	19	15	17	14	14	11	11
崇左市	13	13	12	13	15	20	15	14	29	35
总数	397	435	448	532	576	614	608	638	722	830

注：以上数据来自《中国旅游业统计公报》《广西统计年鉴》、各地市《国民经济和社会发展统计公报》。

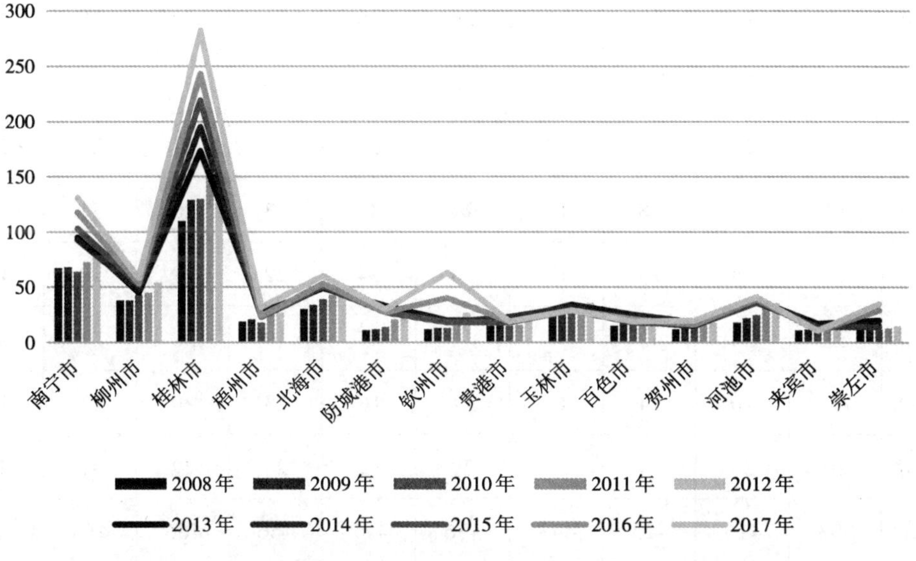

图 3-3　广西 14 个城市旅行社数量概况组合图

3.3.2 星级饭店概况

广西 14 个城市星级饭店数量及发展情况如表 3-6 和图 3-4 所示。

表 3-6　广西 14 个城市星级饭店数量（2008~2017 年）

城市	2008 年	2009 年	2010 年	2011 年	2012 年	2013 年	2014 年	2015 年	2016 年	2017 年
南宁市	82	85	80	70	68	62	51	51	48	49
柳州市	24	25	30	35	39	45	45	47	48	41
桂林市	71	73	68	69	70	70	70	68	67	58
梧州市	20	21	21	23	22	23	30	32	34	34
北海市	40	37	37	37	35	35	31	30	30	35
防城港市	8	16	19	22	24	27	28	31	31	25
钦州市	15	18	20	25	26	26	24	24	18	17
贵港市	18	19	20	20	22	21	20	18	15	13
玉林市	23	20	18	19	14	23	22	21	21	25
百色市	17	20	18	17	24	25	23	26	31	31
贺州市	17	18	16	17	20	24	22	19	20	18
河池市	31	34	43	47	46	47	50	50	51	50
来宾市	7	10	14	17	17	18	23	20	17	16
崇左市	20	20	19	25	29	31	27	29	42	45
总数	393	416	423	443	456	477	466	466	473	457

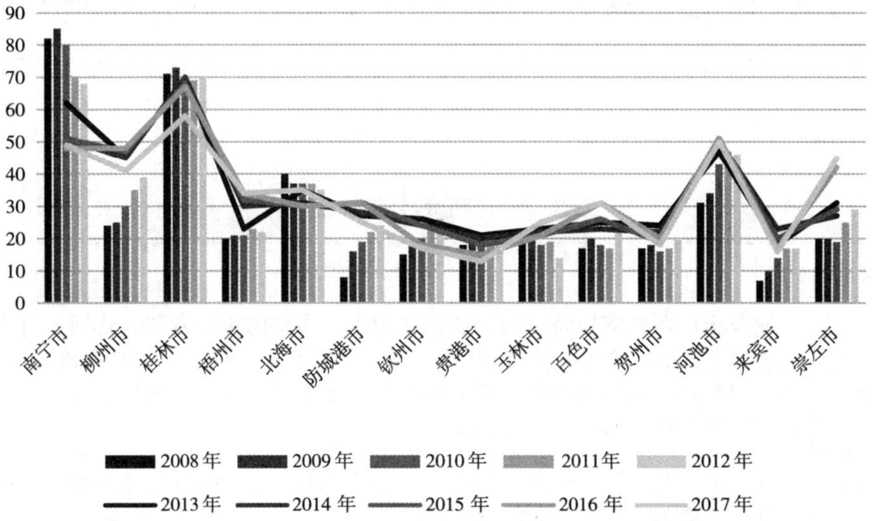

图 3-4　广西 14 个城市星级饭店发展概况（2008~2017 年）

由表 3-6、图 3-4 可知：2008~2017 年 10 年间，广西星级饭店总数量呈稳步增长态势，2008 年，广西共有星级饭店为 393 家，2017 年增长至 457 家，增长了 16.28%，年均增长数量为 6.4 家，年均增长率为 1.63%，平均每个城市年增长 0.46 家。从局部来看，2008 年 14 个城市中，星级饭店数量最多的是南宁市，为 82 家；数量最少的是来宾市，为 7 家，前者是后者的 11.71 倍。2017 年 14 个城市中，星级饭店数量最多的是桂林市，为 58 家；数量最少的是贵港市，为 13 家，前者是后者的 4.45 倍。

同时，从各城市星级饭店数量的历时性发展上来看，各城市发展状况与广西整体发展状况保持一致。

3.4　旅游资源概况

3.4.1　旅游资源梳理

广西拥有丰富多彩的旅游资源，并且品位较高，有自然景观、人文景观、民俗风情等，现在广西可以接待外国人的旅游景点达400多处，对其进行梳理后可以分为山水景观、民族风情、滨海景观、边境风光、红色旅游、探险旅游等内容，如表3-7所示。

表3-7 广西旅游资源梳理表

旅游资源	旅游资源代表
山水景观资源	遍及全广西的喀斯特地貌，如桂林山水、南宁的伊岭岩和大化河七百弄风景名胜区、柳州“两山两洞一个潭”等；丹霞旅游地貌，如资江八角寨风景区、容县都娇山风景区和藤县太平狮山风景区等；花岗岩旅游地貌，如华南第一高峰猫儿山、桂平西山、元宝山等
民俗风情资源	壮、瑶、苗、侗、仫佬、毛南、回、京、彝、水、仡佬11个少数民族的传统文化，如龙胜风景名胜区、三江风景区等
滨海景观资源	北海银滩、涠洲岛、斜阳岛、防城港金滩、钦州龙门72径等
边境风光资源	凭祥友谊关、大新德天跨国大瀑布、中越的界河北仑河、浦寨中越边贸城、靖西通灵大峡谷等
红色旅游资源	以百色市为代表的右江流域地区，如红七军军部旧址、田东县右江苏维埃政府旧址、百色起义烈士纪念碑、乐业县红七军红八军会师纪念馆等；以兴安县为代表的湘江流域，如界首红军堂、华江千家寺标语楼、红军长征突破湘江烈士纪念碑园、龙胜龙坪红军楼、太平村红军洞等；以龙州县为代表的左江流域，如龙州的中国工农红军第八军司令部旧址、龙州起义标语、左江革命委员会旧址、靖西县红八军攻城遗址等；以东兰县为代表的红水河流域，如东兰列宁岩、韦拔群烈士墓、东兰革命烈士陵园、巴马红七军二十师师部旧址、河池红七军宿营地旧址、金城江革命烈士陵园等
探险旅游资源	资江探险、龙谷峡探险、百色原始森林探险
长寿文化资源	巴马、凤山、大华等

3.4.2 旅游资源特征

广西旅游资源分布较广，并且每个区域的旅游资源都有其独特性，因此，出现一定的差异性，主要表现出以下特征。

（1）旅游资源种类繁多，特征鲜明

广西地形多样，因此，其旅游资源也多样且特色鲜明，有美丽的山水、奇异的岩洞、壮观的瀑布、温暖的海洋沙滩，还有具有教育意义的革命事迹、淳朴特色的民俗风情、景观独特的南国边关等。第一，山水风光，如桂林山水；第二，滨海风光，如北海银滩、涠洲岛、防城港金滩、钦州三娘湾等；第三，边境风貌，如凭祥友谊关、德天瀑布、靖西通灵大峡谷等；第四，民俗风情，苗、壮、侗、瑶等较具代表性的少数民族的传统文化，如龙胜风景名胜区、三江风景区等；第五，红色旅游，如左江地区、湘江区域、右江地区、红水河区域等。

（2）旅游资源分布集中，区域差异显著

从总体上看，广西的旅游资源主要是沿着湘桂铁路沿线东部地区和南部沿海地区进行分布，集中分布在南宁、柳州、桂林、北海等区域。

（3）旅游资源的等级高，空间组合度优良

广西境内旅游资源等级高，如有喀斯特地貌典型代表的桂林山水；“天下第一滩”的北海银滩；世界上最大天坑群的乐业大石围天坑群；“水利建筑明珠”的兴安灵渠；享誉世界的龙胜龙脊梯田。此外，境内的旅游资源在空间的组合上也十分优秀，如北部区域资源特色以山水风光、民族风情和文化古迹为主，南部区域资源特色主要以壮族文化、滨海风光、边境风情为主；东部区域资源特色主要体现在丹霞地貌、峡谷风光等方面；西部区域主要以长寿文化、革命胜地等旅游资源为特色；中部区域主要以历史人文遗址、宗教文化等旅游资源为特点。

3.5　旅游发展特征

3.5.1　旅游经济持续提升，产业规模不断壮大

近年来，旅游业保持平稳快速的发展态势，旅游综合实力大幅度提高，旅游业在国民经济中的支柱产业地位进一步提升。2018 年，广西接待游客人数共 6.83 亿人次，旅游总消费共 7619.9 亿元。旅游信息、交通、景区、旅行社、餐饮、购物、娱

乐等服务设施的建设力度加大，产业素质不断提高，产业综合功能更加显现。特别是A级景区方面。2017年底时，广西国家A级景区数量已达428家，其中AAAAA级5家、AAAA级173家、AAA级230家、AA级20家。

3.5.2 项目建设加速推进，旅游投资不断增加

广西建立起了全区和各市领导联系推进重大项目责任制度，重大项目推进顺利，并呈现出旅游项目投资领域重点向休闲度假、康体养生和海洋旅游等新业态扩展的态势。独秀峰·王城景区、南宁市青秀山风景区被评为5A级景区，桂林、环江喀斯特景观入选世界自然遗产，桂林玉圭园·环球名胜、阳朔悦榕庄、两江四湖景区等一大批重大项目建成开业或扎实推进。同时，积极响应国家号召，顺应产业发展趋势，大力建设乡村旅游，在乡村特色旅游名县创建方面取得了重大突破。截至2018年，广西成功创建了包括桂林阳朔县、桂林龙胜各族自治县、玉林容县、河池巴马瑶族自治县、柳州三江侗族自治县等20个“广西特色旅游名县”。

3.5.3 接待设施不断完善，服务质量逐步提升

近几年，广西航空、公路、铁路、航运和海港建设取得突破性进展，逐步构建起便捷畅通的旅游立体交通网络，尤其是高铁的使用，让交通变得更为便捷。其他基础设施和公共服务体系建设也得到了推进，截至2017年底，星级饭店457家，其中五星级12家、四星级96家；客房数262564间，437085个床位数，947127位餐位数，并大力挖掘各民族特色美食；还培育和建立旅游商品研发、生产和销售基地达62家，逐步建立旅游商品销售网络体系；拥有旅行社830家，旅游企业规模和竞争力逐渐增强；广西壮族自治区文化和旅游厅网站(旅游事业)、广西旅游信息数据库等旅游信息化建设逐步推进，形成了全区旅游咨询服务网络。此外，生态旅游停车场、游客集散中心、汽车营地、旅游厕所和旅游标识牌等旅游公共服务设施都在进一步建设完善，其中2018年就完成了新建旅游厕所500座，改建180座。

第 4 章　广西城市旅游业发展的时空分异特征

旅游产业涉及面广，旅游业的发展也受到了诸如政策水平、基础设施、旅游资源丰度等多方面因素的共同作用。因此，旅游产业发展的相关研究中，可选择指标较为多样，但相对于其他数据，旅游总接待人数与旅游总消费更能全面反映其整体发展水平。同时考虑到数据的可获得性和统一性、可靠性等问题，本文中的非均衡性以《广西统计年鉴》（2009~2018 年）10 年间的旅游总接待人数及旅游总消费为面板数据进行分析研究，其中对旅游产业综合发展水平，旅游产业集中程度、专业化程度主要通过旅游总消费进行计算研究。选择标准差（S）、变异系数（CV）、赫芬达尔系数（Hn）和区位熵（Qi）等方法来计算广西 14 个城市之间的旅游发展的非均衡性。

4.1　广西旅游业发展的历时性差异

为了更全面的探析广西 14 个城市的旅游历时性差异，本文选取绝对差异、相对差异度量方法，各城市之间的实际发展差别能够通过绝对差异方法得到较好的反映，但同时也会受到物价、量纲等因素的影响，导致在不同时间及不同指标之间的可比较性效果较差。相对差异则是绝对差异和平均数之间的比值，避免了物价水平等因素的影响，相较于绝对差异，则拥有更为科学的可比性。但是，若指标量、量纲比较大时，即便相对差异较小，其中也可能包含更大的绝对差异。综上，为了更好地探究各城市之间的差异程度，同时选用两种方法，以游客接待量和旅游总消费为指标数据，采用标准差（S）和变异系数（CV）来对各城市旅游发展的相对差异、绝对差异进行测算。

标准差（S）又称“均方差”，用于衡量特定时期某地区的离散程度。本文用它来探究各地市旅游发展水平偏离全区平均水平的离散程度，如公式（4–1）所示。

$$S=\sqrt{\sum_{i=1}^{n}\left(X_i-\bar{X}\right)^2/n} \quad (4\text{–}1)$$

变异系数（CV），又叫标准离差率。用来反映广西各地市旅游发展水平偏离平均水平的相对差距，如公式（4–2）所示。

$$CV=\frac{\sqrt{\sum_{i}^{n}\left(X_i-\bar{X}\right)^2/n}}{\bar{X}} \quad (4\text{–}2)$$

式中：n 为样本数；X_i 为特定时期广西 i 城市旅游总消费；$\bar{X}$ 为特定时期广西区 14 个城市旅游总消费的平均值。

4.1.1 游客接待量差异

通过上述公式（4–1）、公式（4–2）计算，求得 2008~2017 年广西 14 个城市在游客总接待量方面的变异系数和标准差（见表 4–1 和图 4–1、图 4–2）。

表 4–1 广西 14 个城市旅游总接待人数总体差异（2008~2017 年）

年份	绝对差异（标准差 / 万人次）	相对差异（变异系数）
2008 年	634.47	0.92
2009 年	734.35	0.85
2010 年	838.36	0.82
2011 年	1031.13	0.82
2012 年	1200.45	0.80
2013 年	1338.40	0.76
2014 年	1545.92	0.75
2015 年	1799.37	0.74
2016 年	2074.78	0.71
2017 年	2548.08	0.68

注：以上数据来自《广西统计年鉴》。2008~2017 年的旅游总接待人数为当年各城市国内旅游总接待人数和接待入境旅游者人数，入境旅游外汇收入则根据当年人民币兑美元之间的平均汇率换算。

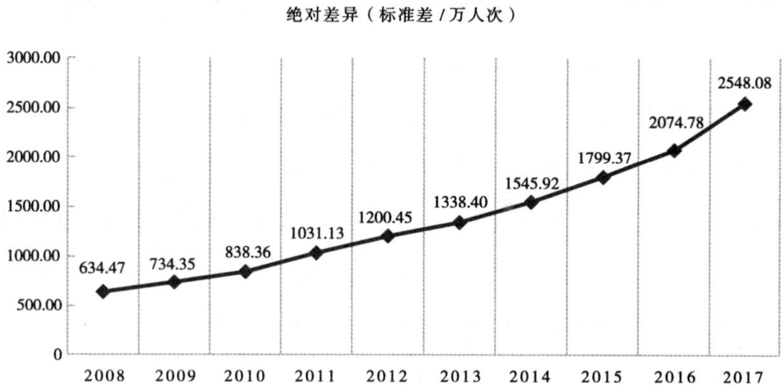

图 4-1　广西 14 个城市旅游总接待人数绝对差异（2008~2017 年）

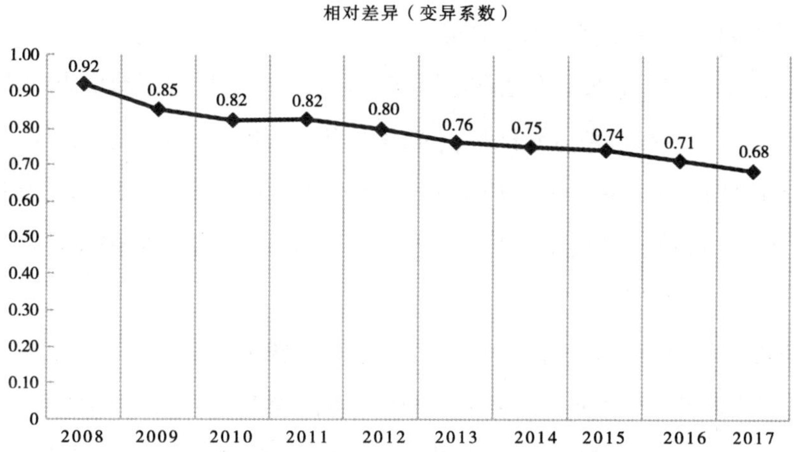

图 4-2　广西 14 个城市旅游总接待人数绝对差异（2008~2017 年）

根据表 4-1 和图 4-1、图 4-2 的测算结果可以发现，广西 14 个城市旅游总消费呈现出较大的差异性，在 2008~2017 年 10 年的时间内表现出了以下几方面的特征。

（1）整体差异巨大

在对广西全区旅游接待总人数的分析对比中可以发现，无论是通过标准差（S）分析其绝对差异，还是通过变异系数（CV）分析其相对差异，广西 14 个城市之间的旅游接待总人数都存在较大的差异。

其中以通过标准差（S）分析的绝对差异统计的 10 年期间，在最新的 2017 年份表现出了最大差异 2548.08 万人次，该年份旅游接待总人数最高为南宁市的 11060.21 万人次，旅游接待总人数最低的为防城港市的 2034.01 万人次，两者在数量上相差 9026.2 万人次，前者旅游接待总人数是后者的 5.44 倍；绝对差异最小的年份是 2008 年，为 634.47 万人次，该年份旅游接待总人数最高的仍然是南宁市 2571.99 万人次，旅游接待总人数最低的为来宾市的 153.04 万人次，两者在数量上相差 2433.56 万人次，前者旅游接待总人数是后者的 16.8 倍，差距十分明显。变异系数（CV）方面，最高值为 2008 年的 0.92，接近于 1，其后 9 年间，最低值为 0.68，出现在 2017 年，但仍居高不下，属于中等变异。从综合绝对差异与相对差异来看，广西各城市之间旅游接待总人数的不均衡程度较为明显。

（2）绝对差异呈现逐年增大的趋势

10 年间，广西 14 个城市之间的旅游接待总人数差异呈现逐年增大的趋势，并且差异扩大迅速，旅游接待总人数的标准差最小值为 2008 年 634.47 万人次，之后一直攀升，在本次统计的最新年份 2017 年达到最大值，为 2548.08 万人次，9 年时间内，标准差增加了 4.02 倍。增长速度上呈现逐年上升趋势，并未出现较大波动。

（3）相对差异居高不下

相对差异在 2008 年最高，达到 0.92，随后呈现出了平缓下降的态势，在 2017 年达到 10 年来最低值（0.68）。期间，2009 年相对差异值下降了 0.07，为 10 年来最大降幅; 2010 年与 2011 年相对差异值相同，呈现出了指标上的稳定状态。

可见，广西 14 个城市旅游接待总人数的非均衡程度在逐年缩小，并在近几年呈现出稳定的格局状态，但从整体来看，广西全区各地市旅游接待总人数的相对差异值仍旧居高不下，保持在 0.68~0.92，属于中等变异，非均衡性程度依然严重。

4.1.2 旅游总消费差异

通过上述公式（4–1）和公式（4–2）计算，分别求得 2008~2017 年广西 14 个城市旅游总消费的标准差和变异系数（表 4–2 和图 4–3、图 4–4）。

表 4-2　广西 14 个城市旅游总消费总体差异（2008~2017 年）

年份	标准差（亿元）	变异系数
2008 年	39.22	1.06
2009 年	47.62	0.94
2010 年	61.81	0.91
2011 年	79.13	0.87
2012 年	101.22	0.85
2013 年	120.78	0.82
2014 年	152.22	0.82
2015 年	181.58	0.78
2016 年	219.17	0.73
2017 年	289.09	0.73

注：以上数据来自《广西统计年鉴》。2008~2017 年的旅游总消费为当年各城市国内旅游总消费和入境旅游外汇收入的总和，入境旅游外汇收入按当年人民币对美元的平均汇率换算。

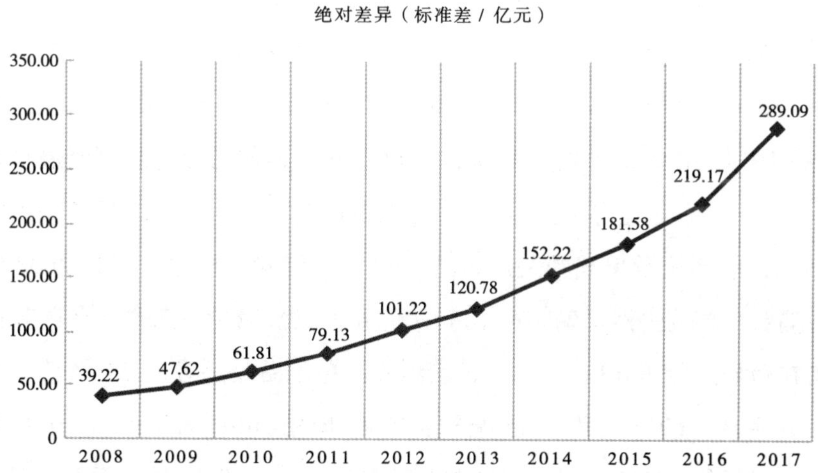

图 4-3　广西 14 个城市旅游总消费绝对差异（2008~2017 年）

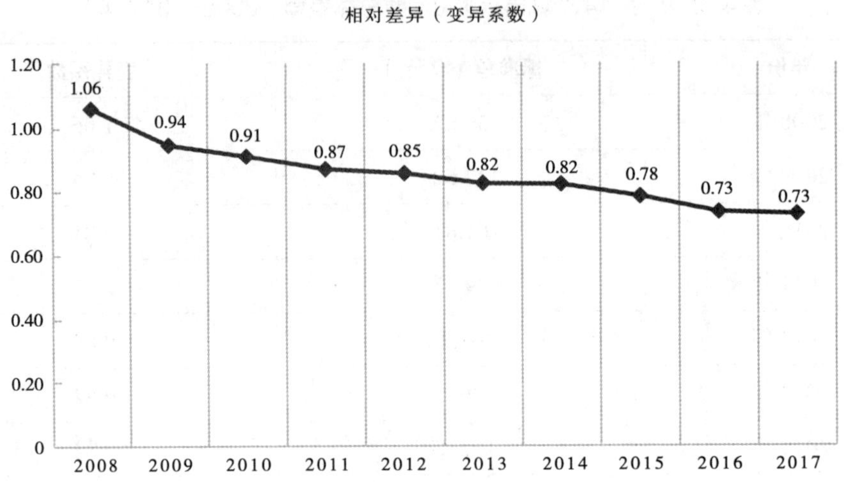

图 4-4　广西 14 个城市旅游总消费相对差异（2008~2017 年）

根据表 4-2 和图 4-3、图 4-4 的测算结果可以发现，广西 14 个城市旅游总消费呈现出较大的差异性，在 2008~2017 年 10 年的时间内表现出了以下几方面的特征。

（1）旅游总消费整体差异巨大

在对广西全区旅游总消费的分析对比中可以发现，无论是通过标准差（*S*）分析其绝对差异，还是通过变异系数（*CV*）分析其相对差异，广西 14 个城市之间的旅游总消费都存在巨大差异。其中以通过标准差（*S*）分析的绝对差异，在最新的 2017 年表现出近 10 年来的最大差异 289.09 亿元，该年份旅游总消费最高为南宁市的 1127.35 亿元，旅游总消费最低的为防城港市的 169.1 亿元，两者在数量上相差 958.25 亿元，前者旅游总消费是后者的 6.67 倍；绝对差异最小的是 2008 年，该年份旅游总消费最高的仍然是南宁市 144.07 亿元，旅游消费最低的是来宾市的 5.64 亿元，两者在数量上相差 138.43 亿元，前者旅游总消费是后者的 25.54 倍，差距十分明显。变异系数（*CV*）方面，最高值为 2008 年的 1.06，大于 1，属于强变异，其后 9 年间，最低值为 0.73，出现在 2016 年与 2017 年，但仍居高不下，属于中等变异。从综合绝对差异与相对差异来看，广西区旅游总消费的不均衡程度较为明显。

（2）旅游总消费的绝对差异逐年增大

十年间，广西 14 个城市之间的旅游总消费差异呈现逐年增大的趋势，并且差异扩大迅速，旅游总消费的标准差最小值为 2008 年 39.22 亿元，之后一直迅速上升，在本次统计的最新年份 2017 年达到最大值，为 289.09 亿元，9 年时间，标准差增加了 7.37 倍。在增长速度上，呈现逐年上升趋势，并未出现跳动性、波动性增长。

（3）旅游总消费的相对差异居高不下

相对差异在 2008 年最高，达到 1.05，随后呈现平缓下降的趋势，在 2016 年和 2017 年达到 10 年来最低值，为 0.73。期间，2009 年相对差异值下降了 0.12，是 10 年来的最大降幅；2013 年与 2014 年相对差异值相同，2016 年与 2017 年相对差异值相同，呈现出相对稳定的状态。可见，广西 14 个城市旅游总消费的非均衡程度在逐年缩小，并在近几年呈现出稳定的格局状态。从整体来看，广西全区整体的相对差异值仍旧居高不下，属于中等程度变异，非均衡性程度依然严重。

4.2　广西旅游业发展的空间差异

4.2.1　产业专业化差异

区位熵在区域经济学中通常用来衡量某一个产业是否成为专业化部门。区位熵的值越大，则说明专业化的水平越高；值大于 1，则可以认为这个产业是某个地区的专业化部门。以往研究表明，利用它可以为人们发展区域经济提供定量分析数据参考依据。

本文应用区位熵来测算广西 14 个城市旅游业发展的专业化程度，衡量其地域分异和不平衡发展状态。公式（4–3）中，用 Q_{ij} 来表示广西第 i 年度 j 城市旅游总消费的区位熵，T_{ij} 为广西 i 年度 j 城市的旅游总消费，G_{ij} 表示广西区 i 年度 j 城市国民生产总值（GDP），T_{iHB} 为 i 年度广西区旅游总消费，G_{iHB} 表示广西 i 年度全区国民生产总值（GDP），Q_{ij} 的值越大，则旅游发展水平越高，反之较低。广西 14 个城市旅游发展水平的平均值用 $\overline{Q}$ 来表示，若 $Q_{ij} > \overline{Q}$，说明 j 城市的旅游业专业化程度较高，为区域旅游的相对繁荣区；若 $Q_{ij} < \overline{Q}$，说明 j 城市的旅游业不具备比较优势，专业化程度较低。

$$Q_{ij}=\frac{T_{ij}}{G_{ij}}/\frac{T_{iHB}}{G_{iHB}} \tag{4-3}$$

通过公式（4-3）进行计算，分别求得 2008~2017 年广西 14 个城市旅游业平均区位熵变化及广西 14 个城市 10 年来旅游业区位熵平均值（图 4-5、图 4-6）。

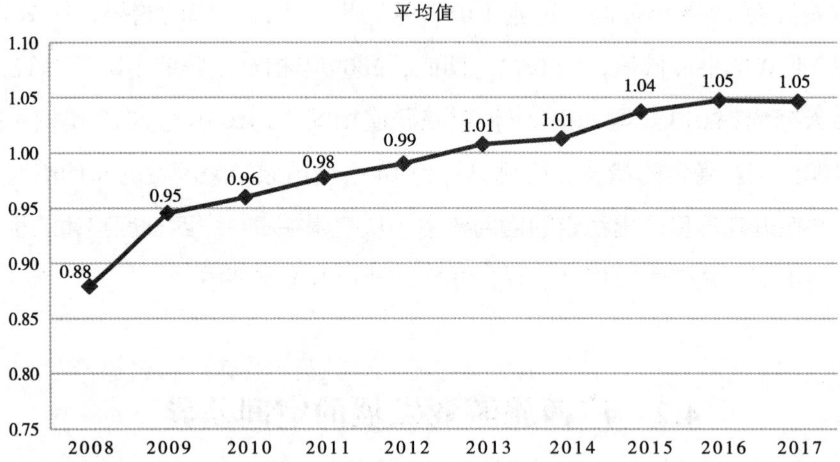

注：以上数据来自《广西统计年鉴》。2008~2017 年的旅游总消费为国内旅游总消费和入境旅游外汇收入之和，入境旅游外汇收入按当年人民币对美元的平均汇率换算。

图 4-5　广西 14 个城市旅游业平均区位熵变化（2008~2017 年）

根据图 4-5、图 4-6 的测算结果可以发现，广西 14 个城市之间的旅游业区位熵呈现出了较大差异性，在 2008~2017 年 10 年的时间内表现出了以下几方面的特征。

（1）各城市的旅游业区位熵平均值呈逐年上升趋势

2008~2017 年期间，全区 14 个城市旅游业平均区位熵的最低值出现在 2008 年，为 0.88；2009 年，平均区位熵表现出 10 年间的 0.07 的最大涨幅，一跃上升到 0.95，这可能是受国家 2008~2009 年实行的“四万亿”经济刺激计划影响；随后的 9 年间呈现逐年平缓上升趋势；2013 年平均区位熵值为 1.01，数值超过 1，表明在这一年，从广西区旅游业成为全区的专业化部门，旅游业在全区国民经济中占据了重要地位；随后广西旅游业平均区位熵一直保持在 1 以上，并呈现缓慢上升趋势，在 2016 年达到最大值，为 1.05，2017 年保持不变。

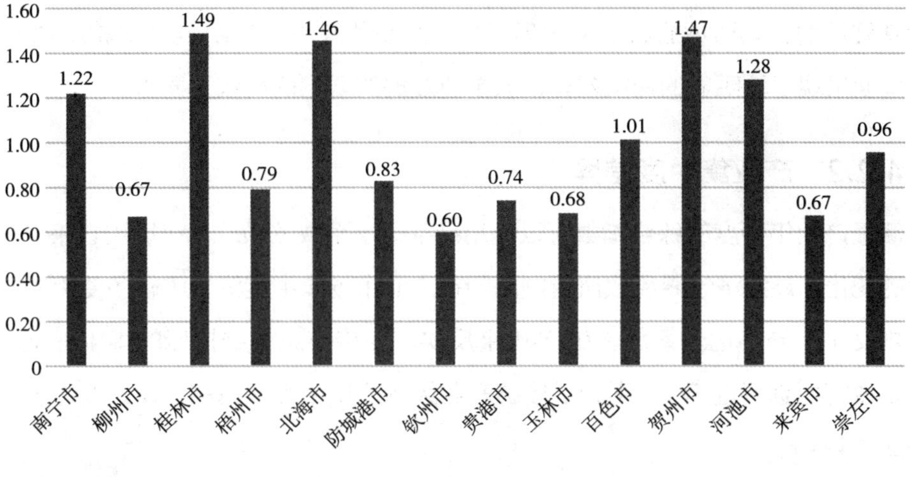

注：以上数据来自《广西统计年鉴》。2008~2017 年的旅游总消费为当年各城市国内旅游总消费和入境旅游外汇收入的总和，入境旅游外汇收入按当年人民币对美元的平均汇率换算。

图 4-6　广西 14 个城市 10 年来旅游业区位熵平均值（2008~2017 年）

（2）各城市旅游业区位熵平均值差异较大

从广西各城市旅游业的平均区位熵来看，2008~2017 年间，有 6 个城市平均区位熵大于 1，由高到底，依次是桂林市（1.49）、贺州市（1.47）、北海市（1.46）、河池市（1.28）、南宁市（1.22）、百色市（1.01）；有 1 个城市平均区位熵接近 1，为崇左市（0.96）；其余 7 个城市平均区位熵呈现整体水平较低的状态。在 14 个城市中，平均区位熵最高的为桂林市（1.49），最低的为钦州市（0.60），前者是后者的2.48 倍，差距明显。

通过比较 14 个城市 10 年来的平均区位熵可以看出，桂林市、贺州市、北海市、河池市、南宁市、百色市、崇左市 7 个城市的旅游产业专业化程度较高，桂林为传统的旅游主导型城市，其旅游业在国民经济中的地位显而易见，贺州市产业结构单一，旅游资源丰度与质量较高，旅游业是其发展的重点产业，利用贺州姑婆山等等级较高的旅游资源创造了大量的旅游收入，其余 5 个城市则有较为丰富的旅游资源，旅游业的发展也处于较好水平；而剩余的 7 个城市中，大致可以分为两类：柳州市、梧州市、防城港市、钦州市 4 个城市可以归于工业型城市，其主要经济支柱为工业生产，旅游业的发展并未得到充分的重视。贵港市、玉林市、来宾市则因旅游资源较匮乏，旅游基础薄弱，其整体旅游业的发展不足。从整体来看，广西 14 个城市的旅游业专业化程度呈现了较明显的梯队差异，旅游业发展的非均衡性较为显著。

4.2.2 产业集中度差异

测量产业集中度的综合指数可以使用赫芬达尔系数（*Hn*）。可以用它来计量市场份额的变化，是经济学界和政府管制部门在产业市场集中度测量中较多使用的方法。

本文中，赫芬达尔系数（*Hn*）用来反映广西旅游总消费指标的集中程度，赫芬达尔系数的值越接近于 1，则表示旅游产业经济的集中程度越高，反之则越低，计算见公式（4–4）。

$$Hn = \sum_{i=1}^{n} t_i^2 \tag{4–4}$$

式中：n 为样本数，t_i 为广西内旅游总消费第 i 位的城市占全区旅游总消费的百分比。

通过上述公式（4–4）进行计算，求得 2008~2017 年广西旅游业赫芬达尔系数变化，如图 4–7 所示。

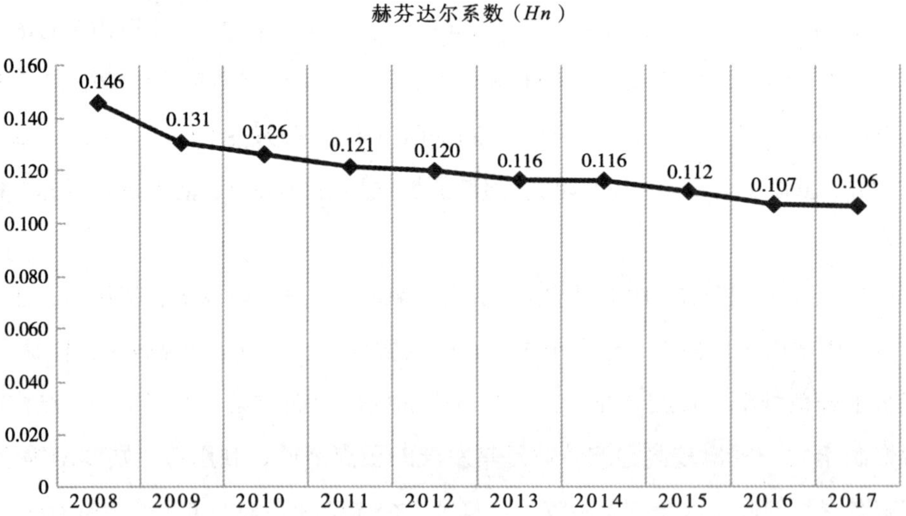

图 4–7　广西旅游业赫芬达尔系数变化（2008~2017 年）

根据图 4–7 的测算结果可以发现，广西旅游业赫芬达尔系数（*Hn*）的绝对值不大，平均值较小，10 年间，系数值均在 0.146 以下，最大值仅为 2008 年的 0.146，最小值为 2017 年的 0.106。从整体来看，2008~2017 年广西旅游业赫芬达尔系数呈现逐年平缓下降的趋势，从 2008 年的 0.146 到 2017 年的 0.106，10 年时间内，赫芬达尔系数仅下降了 0.040。下降幅度最大的年份是在 2009 年，较之 2008 年，下降了 10.3%，其中在 2011~2012 年、2013~2014 年、2016~2017 年期间数值相当，表现出了较强的稳定性。近些年，得益于国家对广西旅游发展的政策支持，广西旅游综合改革实验区各项工作的推进，各城市抓住机会，充分发挥资源优势，大力发展当地旅游业，纷纷取得了一定的进步与成绩，旅游业得到了一定的发展，但从全区来看，广西近些年的旅游经济集中程度仍然未见明显好转迹象。

第 5 章　广西城市旅游业的发展水平评价

在本章对广西城市旅游发展水平的研究中，笔者将构建城市发展水平评价的指标体系，运用熵值法对一级指标和二级指标进行加权赋值，计算出 14 个城市的旅游发展水平的得分。在获得综合得分基础上，运用 R 软件，通过 K–Means 算法对 14 个城市进行聚类，同时对聚类结果进行分析评价。本章在本研究中起到对广西 14 个城市的旅游发展水平进行量化分析的作用，是本文研究的重点及核心所在，也是后续对广西旅游均衡化发展进行研究的依据所在。

5.1　模型构建

5.1.1　指标选取

旅游业是一项综合性产业，其凭借旅游资源和旅游设施，从事游客招揽、接待工作，围绕旅游者旅游活动的“住宿、交通、餐饮、购物、娱乐、游览”6 个方面，为旅游者提供服务。因此，旅游业的发展水平涉及众多产业，与社会发展的诸多层面有着千丝万缕的关联，为综合评价广西 14 个地级城市的旅游发展水平，深入探究影响其旅游业发展水平的因素，着力构建了广西旅游发展评价体系。为尽可能保证体系构建及指标选取的科学合理性，梳理了相关文献资料及相关研究成果，以期为指标的选择与体系构建提供参考依据。

程金龙（2018）在对中国区域旅游经济差异演变及主导因素分析中，构建了区域旅游经济发展水平指数模型，其中构建了需求水平、供给水平、保障力水平、支持力水平 4 个准则层及公路网密度（千米 / 平方千米）等 20 个措施层指标；把多勋（2014）

在对甘肃省 14 个城市的旅游竞争力研究中，构建了旅游竞争力、旅游接待能力等 4 个一级指标，以及旅游总收入占 GDP 的比（%）等 20 个二级指标城市旅游竞争力评价指标；二是通过咨询相关专家的方式，来对评价体系的构建与指标选择提供具有科学行、建设性的意见与建议。同时，结合广西的旅游发展实际及数据的可获得性。最终选取了旅游供给水平、旅游需求水平、社会经济水平、旅游环境水平 4 个方面的内容作为广西城市旅游发展水平评价的一级指标，选取旅游资源丰度、星级饭店个数、旅游总消费、地区 GDP 总值、固定资产投资额、城市建成区绿化覆盖率、公路网密度等 12 个方面的内容作为广西城市旅游发展水平评价的二级指标，从而构建广西城市旅游发展水平评价指标体系（见表 5-1）。

表 5-1　广西城市旅游发展水平评价指标体系

一级指标	二级指标	编号
旅游供给水平	旅游资源丰度（分）	X1
	星级饭店数（个）	X2
	旅行社个数（个）	X3
旅游需求水平	旅游接待总人数（万人次）	X4
	旅游总消费（亿元）	X5
	旅游收入占 GDP 的比	X6
社会经济水平	GDP 总值（亿元）	X7
	第三产业增加值（亿元）	X8
	固定资产投资额（亿元）	X9
旅游环境水平	城市建成区绿化覆盖率（%）	X10
	公共管理与公共服务用地（平方千米）	X11
	公路网密度（千米每平方千米）	X12

X1：旅游资源丰度，用来反映城市的旅游资源、旅游吸引力状况。

X2：星级饭店数量。

X3：旅行社数量，用来反映城市旅游业的接待能力水平状况。

X4：旅游接待总人数。

X5：旅游总消费，用来反映城市的旅游需求水平、旅游市场状况。

X6：旅游收入占 GDP 的比例，用来反映当地旅游经济发展水平的高低，在社会经济发展中的产业地位与经济地位。

X7：GDP 总值，用来反映城市整体社会经济实力。

X8：第三产业增加值，用来反映城市服务业发展水平。

X9：固定资产投资额，用来反映城市基础社会建设水平。

X10：城市建成区绿化覆盖率。

X11：公共管理与公共服务用地面积，用来反映城市建设水平与服务水平、游客旅游目的地的旅游感受。

X12：公路网密度，考虑到数据的可获取性，选取旅游出行交通方式使用频率较高的公路里程来反映旅游目的地的可进行入性及交通通达性状况。

5.1.2 数据选取

数据来源于《广西统计年鉴》、各地市《国民经济与社会发展统计公报》，年度为 2017 年度。其中对部分指标数据进行预处理。

旅游资源丰度方面：借鉴孙根年（2003）对西部入境旅游市场与资源区位关系的研究成果，选择国家级 5A 旅游景区、国家级 4A 旅游景区、国家级 3A 旅游景区、国家级 2A 旅游景区、国家级 A 旅游景区作为旅游资源丰度的衡量指标，并分别赋予不同级别的景区以不同的权重，加权后即为旅游资源丰度，如公式（5–1）所示。

$$F=5A5+2.5A4+1.5A3+0.75A2+0.25A1 \tag{5–1}$$

式中：F 为旅游资源丰度；5A、4A、3A、2A、1A 级景区的数量分别用 A5，A4，A3，A2，A1 来表示。

公路网密度方面：采用学者在研究交通中较多使用的计算方法，用地区行政区域内千米总里程数（千米），除以地区行政区划面积（平方千米），最终得出公路网密度 R，单位为千米每平方千米，具体表达式如公式（5–2）所示。

$$R_i = \frac{I_i}{S_i} \tag{5-2}$$

式中：R_i 为 i 地区的公路网密度，I_i 为 i 地区的公路总里程数，S_i 为 i 地区的行政区域面积。

5.2　熵值赋权

5.2.1　基本原理

熵是信息论中对不确定性的一种度量。熵值的大小与信息量成反比，与不确定性成正比；反之亦然。判断一个事件的无序程度或随机性，可以通过熵值计算来实践，某个指标的离散程度也可以用熵值来判断。

熵值加权是一种较为复杂的客观赋权方法，相对于人工赋权，其根据有客观性的优势。其权重的大小是根据指标变异性的程度来确定的。熵值越大，指标变异程度越低，综合作用越不明显，权重也越低，本小节主要利用 R 语言统计分析工具，借助熵值法来确定权重。

5.2.2　分析步骤

第一，选取多个研究地区（用 n 表示），选取多个指标（用 m 表示），第 i 个地区的第 j 个指标的数值则为 x_{ij}（i=1，2，…，n; j=1，2，…，m）。

第二，对指标进行归一化处理，其具体方法如公式（5–3）和公式（5–4）所示。

正向指标：

$$x'_{ij} = \frac{x_{ij} - \min\left\{x_{ij},\cdots,x_{nj}\right\}}{\max\left\{x_{1j},\cdots,x_{nj}\right\} - \min\left\{x_{1j},\cdots,x_{nj}\right\}} \tag{5-3}$$

负向指标：

$$x'_{ij} = \frac{\max\left\{x_{1j},\cdots,x_{nj}\right\} - x_{ij}}{\max\left\{x_{1j},\cdots,x_{nj}\right\} - \min\left\{x_{ij},\cdots,x_{nj}\right\}} \tag{5-4}$$

第 i 个国家的第 j 个指标的数值则用 x'_{ij} 表示（i=1，2，…，n; j=1，2，…，m），考

虑到计算过程的方便，归一化后的数据仍记用 x_{ij} 表示。

第三，计算第 j 项指标下第 i 个地区占该指标的比重如公式（5-5）所示。

$$p_{ij}=\frac{x_{ij}}{\sum_{i=1}^{n}x_{ij}},\quad i=1,\cdots,n, j=1,\cdots,m \tag{5-5}$$

第四，计算第 j 项指标的熵值如公式（5-6）所示。

$$e_j=-k\sum_{i=1}^{n}p_{ij}\ln\left(p_{ij}\right) \tag{5-6}$$

其中 $k={}^{1}\!/\!_{\ln(n)>0}$，满足 $e_j\geqslant 0$。

第五，计算信息熵冗余度如公式（5-7）所示。

$$d_j=1-e_j \tag{5-7}$$

第六，计算各项指标的权值如公式（5-8）所示。

$$w_j=\frac{d_j}{\sum_{j=1}^{m}d_j} \tag{5-8}$$

第七，计算各地区的综合得分如公式（5-9）所示。

$$s_i=\sum_{j=1}^{m}w_j\cdot p_{ij} \tag{5-9}$$

5.2.3 计算权重

第一，对原始数据首先进行归一化处理，熵值法加权得出二级指标权重，得到如下结果，如表 5-2 所示。

表 5-2 二级指标权重

编号	二级指标	权重
X1	旅游资源禀赋值（分）	0.05969
X2	星级饭店数（个）	0.05026

续表

编号	二级指标	权重
X3	旅行社总数（个）	0.11592
X4	旅游接待总人数（万人次）	0.14105
X5	旅游总消费（亿元）	0.09961
X6	旅游收入占 GDP 的比	0.05783
X7	GDP 总值（亿元）	0.07749
X8	第三产业增加值（亿元）	0.11596
X9	固定资产投资额（亿元）	0.07908
X10	城市建成区绿化覆盖率（%）	0.03251
X11	公共管理与公共服务用地（平方千米）	0.11219
X12	公路网密度（千米每平方千米）	0.05839

第二，对原数据进行标准化处理，具体计算方法如公式（5–10）所示。

对序列 $x_1,x_2,\cdots,x_n$ 进行变换：

$$y_i=\frac{x_i-\overline{x}}{s}\text{，这里 }\overline{x}=\frac{1}{n}\sum_{i=1}^{n}x_i\text{，}\quad s=\sqrt{\frac{1}{n-1}\sum_{i=1}^{n}\left(x_i-\overline{x}\right)^2}\qquad(5\text{–}10)$$

则新序列 $y_1,y_2,\cdots,y_n$ 的均值为 0，而方差为 1，则无量纲。

经过处理，得到标准化数据如表 5–3 所示。

表 5-3　二级指标标准化数据

二级指标城市	X1	X2	X3	X4	X5	X6	X7	X8	X9	X10	X11	X12
南宁市	1.29666	1.13855	1.01167	2.76930	2.52081	−0.10183	2.73726	3.02593	2.75030	0.98606	3.09074	0.05584
柳州市	1.09997	0.58170	−0.01814	0.11397	0.17739	−1.16303	1.33018	0.97840	1.21534	1.40524	1.03389	−0.64779
桂林市	2.38668	1.76500	3.14181	1.70003	1.98261	1.83364	0.59685	0.56802	0.77411	0.39922	0.20599	−0.49142
梧州市	−0.48998	0.09446	−0.38492	−0.57160	−0.52871	−0.96708	−0.13299	−0.33201	−0.08754	0.67867	−0.36193	−0.17870
北海市	−0.30968	0.16407	0.01008	−0.24698	−0.10369	0.14821	−0.24474	−0.42161	−0.30720	0.53894	0.00132	1.38492
防城港市	−1.15383	−0.53199	−0.41313	−0.64420	−0.79385	−0.54083	−0.74868	−0.69733	−0.71407	−0.69064	−0.64681	−0.41324
钦州市	−0.29329	−1.08883	0.05240	−0.44106	−0.49827	−0.86437	−0.16218	−0.26505	−0.31752	−0.01996	−0.21534	0.83766
贵港市	−1.17841	−1.36725	−0.56831	−0.61912	−0.55604	−0.61993	−0.39715	−0.31877	−0.41763	−1.41722	−0.26697	1.30674
玉林市	0.04273	−0.53199	−0.42724	0.10063	0.07272	−0.35938	0.24008	0.20653	0.25478	0.28744	−0.01528	2.01037
百色市	−0.26050	−0.11435	−0.56831	−0.17544	−0.21348	−0.35471	−0.10857	−0.39679	−0.18641	−0.07585	−0.49930	−0.56961
贺州市	−0.93254	−1.01922	−0.55420	−0.57750	−0.43576	2.04099	−0.94767	−0.71504	−0.66713	0.98606	−0.38405	−0.96051
河池市	0.02634	1.20815	−0.25796	−0.41244	−0.33891	1.20034	−0.75592	−0.47396	−0.92333	−1.83639	−0.55185	−1.19506
来宾市	−0.50637	−1.15844	−0.68116	−0.55777	−0.75279	−0.11180	−0.82912	−0.65281	−0.94338	−1.47311	−0.67539	−0.10052
崇左市	0.27221	0.86013	−0.34260	−0.43780	−0.53203	−0.14022	−0.57733	−0.50554	−0.43031	0.23155	−0.71503	−1.03869

第三，重复以上操作，得出一级指标权重如表 5-4 所示。

表 5-4　一级指标权重

一级指标	旅游供给水平	旅游需求水平	社会经济水平	旅游环境水平
权重	0.2259	0.2985	0.2725	0.2031

第四，得出各城市一级指标得分及综合得分情况如表 5-5 所示。

表 5-5　一级指标综合得分

一级指标城市	旅游供给水平	旅游需求水平	社会经济水平	旅游环境水平	综合得分	排名
南宁市	0.25190	0.63584	0.78050	0.38208	2.05032	1
桂林市	0.59539	0.54333	0.17334	0.00740	1.31945	2
柳州市	0.09279	−0.03351	0.31265	0.12386	0.49579	3
玉林市	−0.07371	0.00066	0.06270	0.12501	0.11466	4
北海市	−0.00907	−0.03660	−0.09215	0.09853	−0.03929	5
钦州市	−0.06615	−0.16183	−0.06841	0.02410	−0.27230	6
百色市	−0.08718	−0.06653	−0.06917	−0.09174	−0.31462	7
梧州市	−0.06912	−0.18922	−0.05573	−0.02898	−0.34305	8
河池市	0.03239	−0.02252	−0.18656	−0.19139	−0.36809	9
崇左市	0.01976	−0.12286	−0.13739	−0.13334	−0.37383	10
贺州市	−0.17114	−0.00684	−0.20911	−0.06711	−0.45420	11
贵港市	−0.20494	−0.17857	−0.10077	0.00027	−0.48401	12
防城港市	−0.14350	−0.20122	−0.19535	−0.11915	−0.65923	13
来宾市	−0.16741	−0.16013	−0.21455	−0.12954	−0.67163	14

注：为保证数据计算的严谨性，分别用一级指标和二级指标权重对标准化后的原始数据进行计算，从而得出综合得分，结果显示，前后结果一致。

5.3 聚类分析

5.3.1 基本原理

聚类分析是社会经济研究中常见的多元统计分析方法，事物有不同的特质与特性，可以根据事物的特质进行“物以类聚”的归类划分。较之传统归类方法，聚类分析更为全面、客观，这些优点的存在，使它在数据分析领域应用广泛。其中 K-means 是聚类分析的一种覆盖性数值的分割类算法。

本文采用的 K-means 算法：首先，随机选定一组聚类中心，不断计算聚类内点与中心之间的距离，迭代更新聚类中心寻找最优解，获得最终聚类结果。K-means 分类的表达式如公式（5-11）所示。

$$\arg\min\sum_{i=1}^{k}\sum_{j=1}^{n_1}\left\|x_j-c_i\right\|^2 \tag{5-11}$$

式中：用 k 来表示聚类的个数；用 n_i 来表示第 i 个聚类中点的个数；用 x_j 表示 i 个聚类中第 j 个样本；用 c_i 表示第 i 个聚类的中心。

在空间随意分割的基础上，产生初始的聚类结果。由于分割的随机性，聚类结果需要经过多次反复才能满足要求。

本小节将利用 R 语言统计分析工具，采用 K-Means 聚类算法，将所研究的 14 个城市进行分类。

5.3.2 实现步骤

1-1：指定用 K 代替的聚类数目。

1-2：确定 K 个初始类中心。

1-3：根据最近原则，进行聚类。

1-4：重新确定 K 个类中心。

1-5：判断终止条件。重复以上过程，直到满足迭代终止条件。

5.3.3　聚类处理

本文 5.1 指标构建章节中，已构建起区域旅游发展水平指标模型，同时在本文 5.2.3 数据分析章节中，已经分别得到广西 14 个城市在一级指标与二级指标上的总和得分，现采用 K-Means 聚类方法，对南宁市、柳州市、桂林市、北海市、防城港市、梧州市、钦州市、玉林市、贵港市、百色市、贺州市、来宾市、崇左市、河池市 14 个城市进行聚类处理。

（1）使用 K-Means 算法进行聚类

聚类结果如表 5-6 所示。

表 5-6　K-Means 聚类结果

类别			
第一类	第二类	第三类	第四类
南宁市	柳州市	梧州市	防城港市
桂林市	北海市	钦州市	来宾市
	玉林市	贵港市	
		百色市	
		贺州市	
		河池市	
		崇左市	

（2）确定类中心

最终确定 4 个类中心，第一类的中心向量为（2.02289,2.26345,1.7608,1.3119），其他同理，如表 5-7 所示。

表 5-7　4 个类中心向量

序号	旅游供给水平	旅游需求水平	社会经济水平	旅游环境水平
1	2.02289	2.26345	1.7608	1.3119

续表

序号	旅游供给水平	旅游需求水平	社会经济水平	旅游环境水平
2	0.01593	-0.08888	0.3485	0.78012
3	-0.54151	-0.67775	-0.2768	-0.01034
4	-0.41151	-0.37117	-0.6228	-0.82219

（3）可视化评价

为了更直观地观察分类情况，更全面地进行分析描述 14 个城市的分类情况，以及它们在 4 个一级指标上的表现情况，利用 plot 函数和 lines 函数，绘制了 4 类的成员情况，以及 4 个一级指标聚类变量的均值在 4 类上的变化图。

在图 5-1 中，广西 14 个城市被分为 4 类，各类样本量依次为第一类（2 个），分别为南宁市、桂林市；第二类（3 个），分别为柳州市、北海市、玉林市；第三类（7 个），分别为梧州市、钦州市、贵港市、百色市、贺州市、河池市、崇左市；第四类（2 个），分别为防城港市、来宾市。

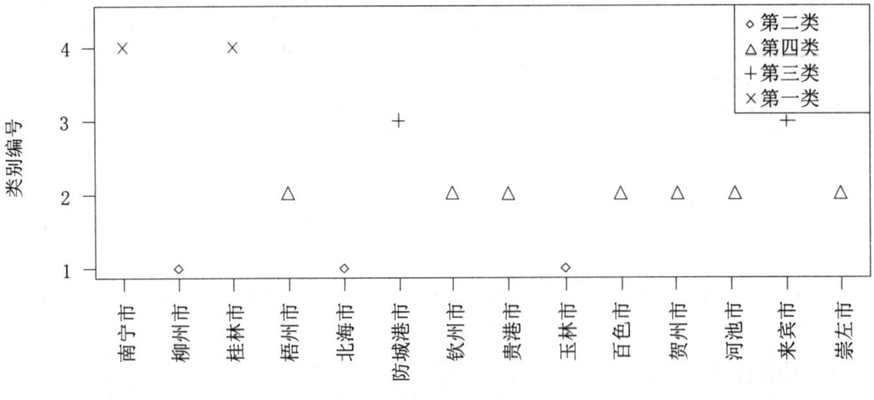

图 5-1 聚类的类成员

在图 5-2 中，广西 14 个城市的旅游发展水平呈现出 4 种不同的发展水平，不同的层次水平用不同折线表示，发展水平最高的为第一类（虚线表示），包括南宁市、桂林市；其次为第二类（实线表示），包括柳州市、北海市、玉林市；再次为第三类（段线表示），包括梧州市、钦州市、贵港市、百色市、贺州市、河池市、崇左市；

最后是第四类（双线表示），包括防城港市、来宾市。

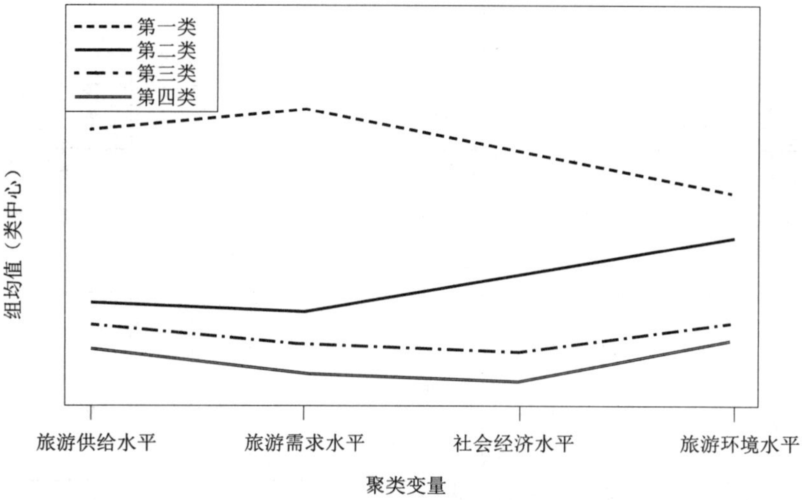

图 5-2　各类聚类变量均值的变化折线图

（4）聚类效果评价

在分析过程中，发现类间的离差平方和占总平方和的 89.07%，说明总体效果很好。从类中心与观测点的几个维度来看，第一个类中心（虚线表示，向量：2.02289，2.26345，1.7608，1.3119）距离其他 3 个类中心较远，无重合现象；第二个类中心（实线表示，向量：0.01593，-0.08888，0.3485，0.78012）在第一类中心与第三、第四类中心之间，距离第一类中心较远，距离第三、第四类中心较近，但距离尚可，可以轻易区分开来；第三个类中心（段线表示，向量：-0.54151，-0.67775，-0.2768，-0.01034）与第四个类中心（双线表示，向量：-0.41151，-0.37117，-0.6228，-0.82219）距离较近，虽然其观测点能够围绕各自类中心周围分布，但两类观测点之间也表现出了部分距离较小且重合的情况，这种情况在以上研究中，均有所表现。在图 5-2 可视化评价“各类聚类变量均值的变化折线图”中也可以观察到，第三类、第四类在部分一级指标之间的差距非常小，在前三个一级指标（旅游供给水平、旅游需求水平、社会经济水平）上呈现平行且相距甚近的情况，在第四个一级指标（旅游环境）上，第三、第四类表现为几乎重合，差距较小。因此，从整体来看，聚类的结果与实际数据结果吻合程度较高，总体聚类结果较好如图 5-3 所示。

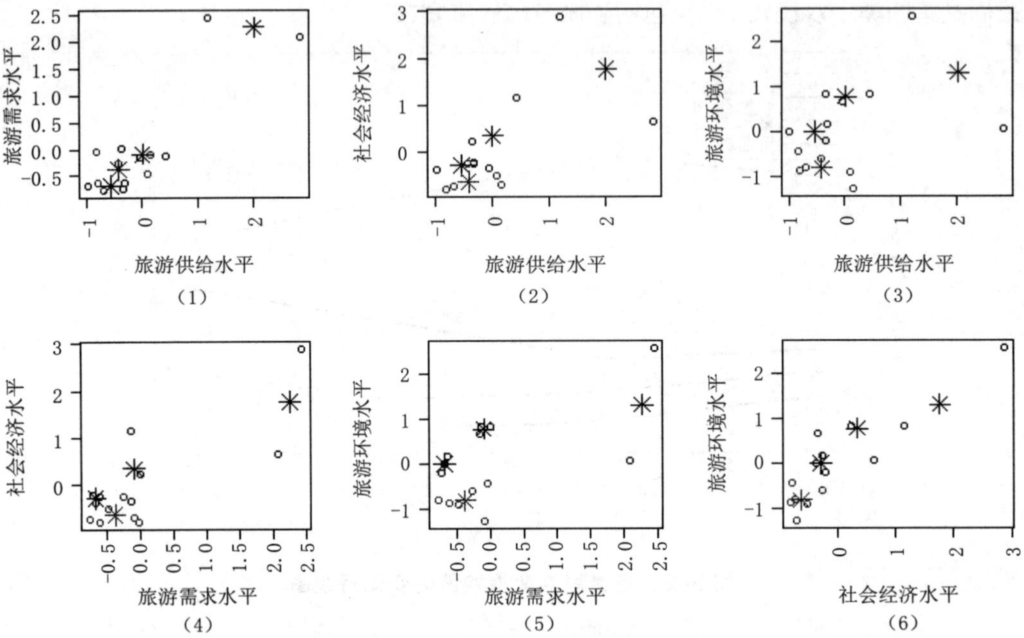

图 5-3　类中心与观测点

5.4　结果描述

结合以上章节的分析与研究来看，广西 14 个城市的旅游发展水平从整体上来看水平不一，并且差异明显，呈现出了以下几个方面的特征。

5.4.1　梯度差异明显

四类城市分级呈现出明显的梯度，四类聚类变量聚类均值变化折线可以分为高、中、较低、低 4 个梯度，从高到底的梯度依次为：第一类、第二类、第三类、第四类。折线之间均单独呈现，未出现相互交错、交织的情况，说明呈现出了清晰的梯度。

5.4.2　整体差异显著

从整体来看，四类聚类变量聚类均值变化折线之间的差异仍然较大。其中相对发展水平最高的为第一类，表现最为突出，与其他三类城市拉开了较大的差距；相对发展水平次之的是第二类，第二类整体处于中等水平，其与第一类的发展水平差异较大，与其余两类差异较小；相对发展水平更次之的是第三类，第三类整体处于中下水平，其与第一类差异较大，与第二类前半部分差异较小，后部分差异较大；相对发展水平最低的是第四类，第四类与第三类水平接近，相似度也较高，但与第一类差距巨大，与第二类差异也较明显。从表 5-5 的各城市综合得分可以看出，第一类得分一枝独秀，是第二类的两倍，至于第三类、第四类则差异倍数更大。从整体来看，差异较为显著，呈现了两极分化现象。

5.4.3　结构水平各异

横向来看：第一类在 4 个一级指标上的表现均较好，其最强的表现在旅游需求水平方面，最弱的表现在旅游环境水平方面；第二类在 4 个一级指标上的表现整体一般，并且在 4 个一级指标上呈现出一定的差异性，其最强的表现在旅游需求水平方面，最弱的表现在旅游环境水平方面；第三类与第四类在 4 个一级指标上的表现大致相同，其最弱的表现在旅游需求水平方面，最强的表现在旅游环境水平方面。

纵向来看：在旅游供给水平、旅游需求水平 4 个一级指标方面，强弱表现顺序较为统一，按照由强到弱的程度依次是第一类、第二类、第三类、第四类。其中旅游供给水平方面：表现最强的是第一类中的桂林市，此项得分为 0.595358，是第二名南宁市的 2 倍之多，最弱的是第三类中的贵港市，此项得分为 –0.204938；旅游需求水平方面：最强的为第一类南宁市，得分为 0.6358433，最弱的是第四类中的防城港市，此项得分为 –0.2012222；社会经济水平方面：最强的为第一类南宁市，得分为 0.7805，最弱的是第四类中的来宾市，此项得分为 –0.21455，最强与最弱之间相差 0.995，差距巨大；旅游环境方面：最强的是第一类南宁市，得分为 0.3820806，是第二名玉林市的 2 倍之多，最弱的是第三类中的河池市，此项得分为 –0.191393。具体情况见表 5-5。

第 6 章　广西城市旅游业发展的时空分异成因

为了进一步探究广西 14 个城市之间的差异状况，探究其影响因素，本章节结合第 5 章的分析结果，从旅游发展的驱动因子和约束因子两个角度入手，对 14 个城市进行归纳分析，其中旅游发展动力类型分为：旅游发展优势型、旅游发展潜力型、旅游发展劣势型；旅游发展约束类型分为：旅游供给水平约束型、旅游需求水平约束型、社会经济水平约束型、旅游环境水平约束型。

6.1　驱动因子识别

根据 5.3 中城市 K–Means 聚类分析结果，并参考把多勋（2014）对甘肃省 14 个城市的旅游竞争力的比较研究。陈沛然（2017）对广东省城市旅游竞争力评价与发展对策的研究，驱动因子分析方面，将第一类城市定义为旅游发展优势型城市；将第二类城市定义为旅游发展潜力型城市；从上文分析可知，第三、第四类城市之间差异较小，因此将第三、第四类城市统一定义为旅游发展劣势型城市，并根据上文中一级指标得分情况，绘制广西 14 个城市一级指标得分柱状图，如图 6–1 所示。

6.1.1　优势型城市驱动因子识别

旅游发展优势型城市包括第一类的南宁市、桂林市两个城市，这两个城市综合得分分别为 2.05032、1.31945（见表 5–5），并且这两个城市综合得分远远高于广西其他 12 个城市，表现出很强的旅游发展水平，属于旅游发展水平的第一层次。在各一级指标得分中，南宁市与桂林市是唯一各项得分均为正的两个城市，而且其各项得分为各一级指标得分最高水平。

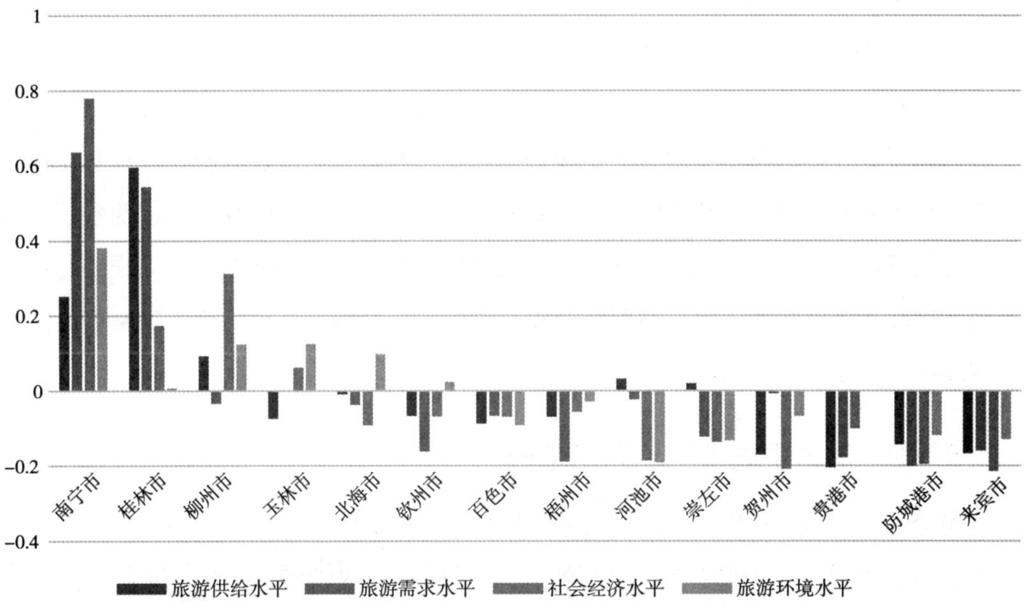

图 6–1　广西 14 个城市一级指标得分柱状图

具体来看，南宁市除在旅游供给水平方面低于桂林市，但其他方面均表现出色，特别是社会经济水平是其他 13 个城市的多倍，比排在第二位的工业型城市柳州也高出 1 倍之多。分析来看，南宁是广西首府，区内唯一的特大城市，是北部湾经济区的核心城市，是中国面向东盟国家的区域性国际城市，其社会经济发展状况为广西最强，2018 年南宁市 GDP 为 4118.83 亿元，同期，桂林市 GDP 仅为 2045.18 亿元，南宁市 GDP 是桂林市的 2 倍之多，可以说，南宁市旅游发展的优势体现在全社会发展的综合发展实力上，更多的体现在社会经济支撑力方面，强劲的社会经济为旅游业发展提供了多方支持。虽然桂林市在旅游环境水平方面表现差强人意，但是其在其他 4 个指标上表现均较好，旅游供给水平、旅游需求水平表现抢眼。具体来看，桂林市旅游业发展历史久远，是我国第一批开展外事旅游的城市，经过多年的发展，旅游业已经成为桂林的支柱性产业。2017 年，桂林市旅游总消费为 971.76 亿元，同期全市 GDP 为 2045.18 亿万，其旅游区位熵为 1.74，高于南宁市的 1.00。对广西 14 个城市的产业专业化程度的研究中，也可知道旅游业对桂林市经济发展的作用不言而喻。同时，桂林旅游资源丰富，质量等级较高，是当今世界上唯一具有（大岩、庙岩、甑皮岩）三处古陶遗址的城市，桂林独特的喀斯特地貌景观造就了优厚的自然景观，目前，桂林同时拥有“桂林山水世界自然遗产”与“灵渠世界灌溉遗产”两大世界遗产。

可以说，桂林的旅游发展优势更多的体现在旅游资源丰度、旅游产业专业化程度方面。除此之外，经过近几年的铁路方面的发展，南宁与桂林已经成为广西最重要的两个交通枢纽城市，其在旅游交通方面的优势也更加明显。因此推断，南宁市、桂林市将继续发挥各自优势，是广西旅游业发展的重要增长极，在广西全区旅游发展方面必将发挥主导作用，带领作用。

6.1.2 潜力型城市驱动因子分析

旅游发展潜力型城市包括第二类的柳州市、玉林市、北海市 3 个城市，这 3 个城市的综合得分分别为 0.49579、0.11466、–0.03929（见表 5–5），这 3 个城市综合得分远远虽高于第二第三类城市，但差距不大，距离第一类城市还具有较大的差距。表现出较强的旅游发展水平，属于旅游发展水平的第二层次。在各一级指标得分中，柳州市、玉林市仅有一项得分为负，分别是旅游需求水平，为 –0.03351，旅游供给水平，为 –0.07371，但其他指标得分均为正值；北海市有 3 项得分为负，旅游环境水平为正，但负值的绝对值较小。在各项一级指标中，柳州市表现最强的为社会经济水平，玉林市与北海市表现最强的均为旅游环境水平。

具体来看，柳州的发展优势和南宁市有相似之处，柳州是广西最大的工业城市，是西南地区的工业重镇，是西部大开发战略中的核心城市；在“一带一路”中也具有重要的区位优势，是国内内陆与东盟连接的重要通道和衔接门户的重要节点。良好社会经济水平的发展同样为柳州市的旅游发展提供了优越的经济支撑，但不可忽视的是，由于工业的发展也在某种程度上影响了社会环境水平、旅游环境水平。从表 5–5 中也可看出，旅游需求水平是柳州市最薄弱的环节，与其他 3 个一级指标严重不符。

玉林与北海的发展优势主要体现在旅游环境水平方面，玉林市交通便利，其公路网密度达到了 0.81，在所研究的 14 个城市中，排名第一。玉林市内公路、铁路纵横交错，构建了以城区为中心形成的“半小时经济生活圈”，成为区域综合交通运输网络的中心，同时玉林市内有大容山国家森林公园，城市建成区绿化率达到 39.8%，公共管理与公共服务用地为 9.62 平方千米。同样地，北海市为沿海城市，海岸风光秀丽，城市建成区绿化率达到 40.7%，公共管理与公共服务用地为 9.8 平方千米，公路网密度达到 0.73，整体旅游环境良好。

综合来看，3 个城市的旅游发展较为均衡，优势不够突出且各有不同，弱势因素均存在，但均不明显，所以柳州市、玉林市、北海市要想发展为旅游强市，就需要突出优势，统筹协调发展，从整体上提升，实现全面发展与进步。

6.1.3　劣势型城市驱动因子识别

旅游发展劣势型城市包括第三类、第四类的钦州市、百色市、防城港市、河池市、崇左市、贺州市、梧州市、贵港市、来宾市 9 个城市。从聚类分析的结果来看，虽然这 9 个城市被分为两类，但综合考察其指标得分与折线图来看，这两类城市旅游发展水平均较低，其综合得分都在 0 以下，9 个城市中综合得分最高的为 –0.27230，最低的仅为 –0.67163，这与第一类、第二类城市的综合得分均呈现出巨大差距。其中旅游需求水平较低的有：防城港市、梧州市、贵港市、来宾市、钦州市、崇左市，这 6 个城市在该指标的得分为 14 个城市中最低，并且与其他城市得分差距巨大；社会经济水平较低的有：贺州市、来宾市、防城港市、河池市、崇左市 5 个城市，这 5 个城市在该指标的得分为 14 个城市中最低，并且与其他城市得分差距巨大；旅游供给水平较低的城市有：贵港市、贺州市、来宾市、防城港市 4 个城市，这 4 个城市在该指标的得分为 14 个城市中最低，并且与其他城市得分差距巨大；旅游环境水平较低的城市有河池市、崇左市、贺州市、防城港市、来宾市 5 个城市，这 5 个城市在该指标的得分为 14 个城市中最低，并且与其他城市得分差距巨大。从以上比较分析来看，处于旅游发展劣势型的 9 个城市，不仅在单向指标上的表现较差，在多个指标上的表现也非常不容乐观。

综合来看，以上 9 个城市的旅游发展驱动因子均不明显，其中除钦州市在旅游环境水平方面表现出一定的优势，河池市、崇左市在旅游供给水平方面表现出一定的优势之外，其他 6 个城市均表现出一定程度上的优势。针对该类型城市，在未来的旅游发展中，一方面要明确地区经济水平落后及不利的交通区位为旅游发展所带来的负面影响；另一方面要多方谋划，多措并举，突破障碍，加大旅游投入，通过政策引导，产业扶持等方式，扬长避短，发挥自身特色，突出自身发展优势，以期能够在未来的旅游发展中得到尽快提升与进步。

6.2 约束因子识别

从表 5-6 K-Means 聚类及结果可以看出，按总得分，14 个地级城市可以被划分为 4 个类，每个类具有自身独特的优劣势。其中优势促进了城市旅游发展，而劣势则大大限制了城市的旅游发展，而且在前文分析中不难看出，不少城市的旅游发展水平受某一个或几个薄弱环节的约束较大，这些薄弱环节或劣势是城市旅游发展的根本所在。

因此，本小节将以问题为导向，进一步梳理各城市的旅游发展的优势与劣势，归纳其发展类型。经过分析研究，可以归纳得出 4 种不同的旅游发展约束类型，包括“旅游供给约束型”“旅游需求约束型”“社会经济约束型”“旅游环境约束型”。

6.2.1 供给约束型城市约束因子识别

该类型城市旅游资源丰度值较低，旅游接待设施较为不足。

受到旅游资源丰度（A 级景区数量与等级等），以及旅游接待设施（星级饭店数量与旅行社个数）等因素的影响，包括来宾、防城港、贵港、贺州、梧州、百色、钦州、玉林、南宁、柳州在内的 10 个城市属于旅游供给水平约束型。

从表 5-3 中 X1 得分情况可以看出，得分最高的为桂林市，其次为南宁市、柳州市，而且桂林市此项得分远超其他城市，从《广西统计年鉴》中的数据可以发现，来宾、贵港、梧州、贺州等地多年来 A 级景区数量始终保持在较低位置，而桂林、南宁、柳州等地 A 级数量始终保持在较高水平，这其中，高级别的 AAAAA 级景区除南宁市占据一席外，其余常年被桂林市所包揽，在能反映旅游供给水平的星级饭店数与旅行社总数两个方面，这 10 个城市的表现情况也较为一般，旅游资源丰度方面的差距非常明显。旅行社总数方面：最高为桂林市的 282 个，最低为来宾市的 11 个。星级饭店方面：最高的为桂林市的 58 家，最低的同样为来宾市的 16 家。具体情况如图 6-2 所示。

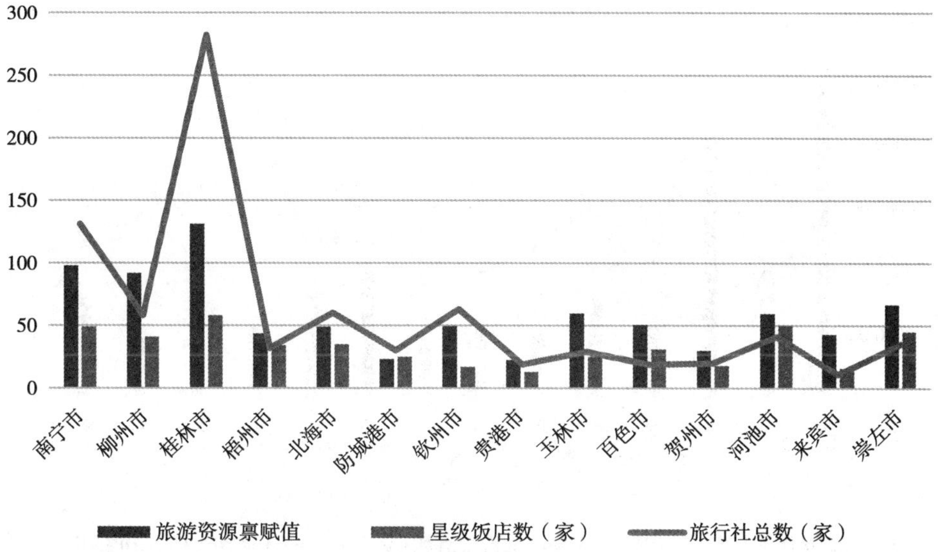

图 6–2　2017 年广西 14 个城市旅游供给水平二级指标数据组合图

6.2.2　需求约束型城市约束因子识别

该类型城市旅游吸引力不强，旅游客源市场经营欠缺，客源缺乏，旅游产业经济水平较一般。

受到旅游接待总人数、旅游总消费的限制，包括来宾、防城港、贵港、崇左、梧州、百色、钦州、北海、玉林 9 个城市属于旅游需求水平约束型。

从图 6–1 中可以看出，钦州市、百色市、防城港市、河池市、崇左市、贺州市、梧州市、贵港市、来宾市这 9 个城市在旅游需求水平方面处于低位，而且与其他 5 个城市差距较大。

从图 6–3 2017 年 14 个城市旅游总消费与旅游接待总人数折线图中也不难看出，这 9 个城市无论是在旅游总消费还是在旅游接待总人数方面，均处于较低水平，如在旅游总消费方面，9 个城市中，最低城市为防城港市的 169 亿元，最高的玉林市也仅为 420 亿元，同期南宁市则为 1127 亿元，桂林市则为 972 亿元，处于中等水平的柳州市为 450 亿元。旅游接待总人数方面，情况大致相同。

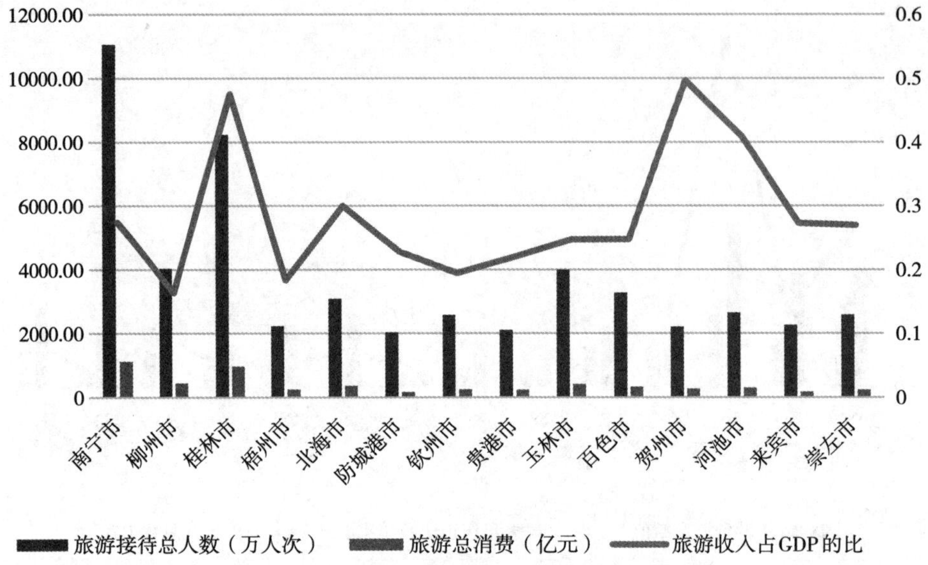

图 6-3　2017 年 14 个城市旅游需求水平二级指标数据组合图

6.2.3　经济约束型城市约束因子识别

该类型城市社会经济不发达、对旅游产业支持力不足、经济运行活力较弱，整体社会经济综合实力水平表现较差。

受到地区生产总值 GDP、第三产业增加值、固定资产投资额的影响，包括来宾、防城港、贵港、贺州、崇左、河池、北海、百色、钦州 9 个城市属于社会经济水平约束型。从图 6-4 中可以看出这 9 个城市的三项二级指标数据均不太理想，处于较低水平。

具体来说，2017 年，这 9 个城市的 GDP 总值为 8688.88 亿元，平均值为 965.36 亿元，而同时区内其他 5 个城市的 GDP 总值为 11849.04 亿元，平均值为 2369.81 亿元，两者城市数量，前者为后者的 1.8 倍，但其 GDP 总量仅为后者的 73%，平均 GDP 仅为后者的 40%，社会经济水平差距巨大。

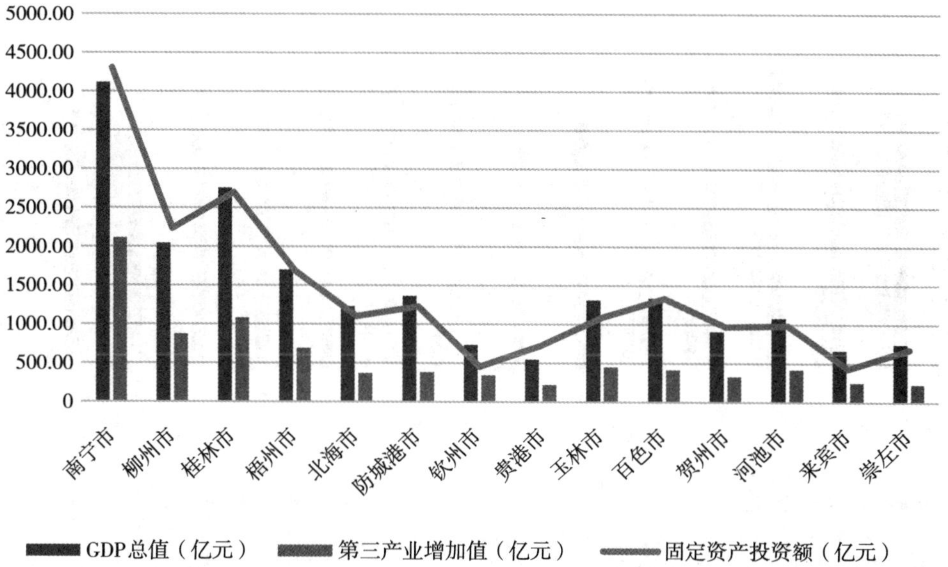

图 6-4　2017 年 14 个城市社会经济水平二级指标数据组合图

6.2.4　环境约束型城市约束因子分析

该类型城市市政公用设施建设不足，园林绿化率较低，部分城市交通通达性一般，大部分城市交通通达性表现较弱如图 6-5 所示。

受到城市建成区绿化覆盖率、公共管理与公共服务用地、公路网密度等因素的影响，包括来宾、防城港、贺州、崇左、河池、梧州、百色、桂林 8 个城市属于旅游环境水平约束型。

具体来看：崇左市、来宾市、防城港市公共管理与公共服务用地水平较低，分别为 2.03 平方千米、2.46 平方千米、2.77 平方千米，同期，南宁市为 43.31 平方千米、柳州市为 21 平方千米、桂林市为 12.02 平方千米，差距明显。城市建成区绿化覆盖率方面，这 9 个城市平均水平为 37.3%，而旅游发展优势型与潜力型城市同期城市建成区绿化覆盖率分别为 41.3%、41.5%。同时，从表 5-3 的数据中可以看出，河池市、百色市、贺州市、防城港市等城市的交通状况也较为薄弱，与玉林市、北海市等差距较大。

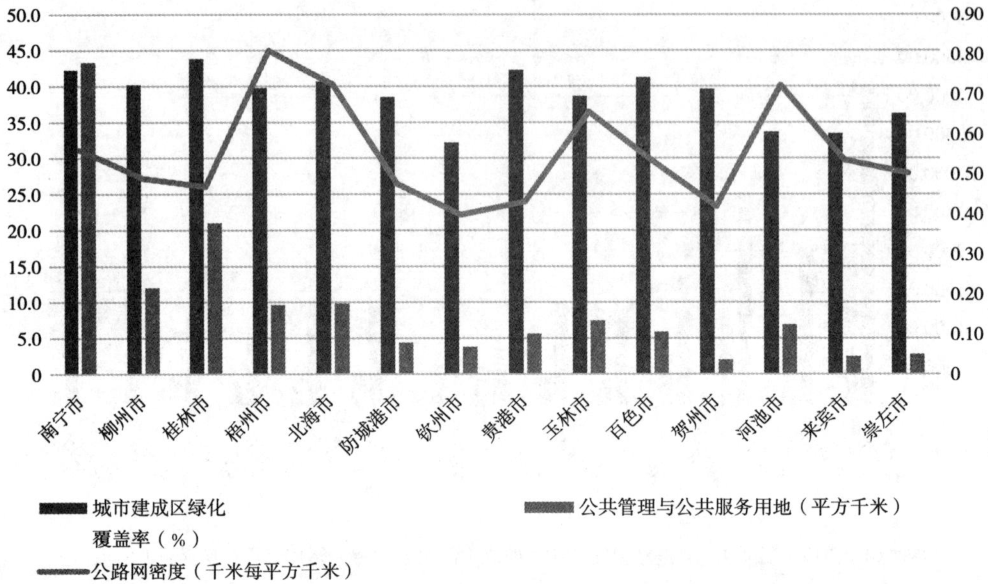

图 6-5　广西 14 个城市旅游环境水平二级指标组合图

6.3　核心因子识别

6.3.1　旅游资源数量

旅游资源是指客观存在于一定地域空间并因其所具有的愉悦价值而使旅游者为之向往的自然存在、历史文化遗产或社会现象。

旅游资源是旅游业发展的基础，通过开发旅游资源，可以为旅游业的发展提供源源不断的推动力，尤其是旅游资源数量丰富、等级较高的地区在旅游市场中具有较强的竞争优势，可以通过旅游资源开发大力发展旅游业，从而带来丰厚的旅游经济收益。

为探究广西各城市旅游业发展水平与当地旅游资源丰度之间的相关性，本文选取 2008 年、2013 年、2017 年各城市旅游总消费与当年度 A 级景区数量，使用 SPSS 20.0 软件分析两者之间的相关性。

广西城市 A 级景区数量与相关分析如图 6-6 和表 6-1~ 表 6-3 所示。

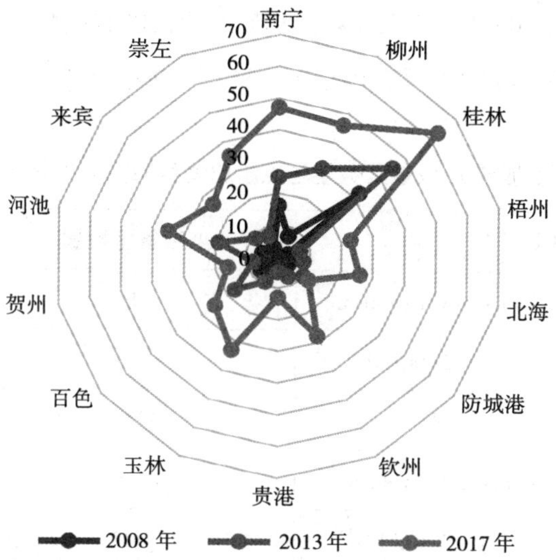

图 6-6　广西各城市 A 级景区数量雷达图（2008 年、2013 年、2017 年）

在图 6-6 广西各城市 A 级景区数量雷达图（2008 年、2013 年、2017 年）中可以发现，来宾、贵港、梧州、贺州等地多年来 A 级景区数量始终保持在较低位置，而桂林、南宁、柳州等地 A 级景区数量始终保持在较高水平，这其中，高级别的 AAAAA 级景区除南宁市占据一席外，其余常年被桂林市所包揽，旅游资源数量方面的非均衡性较为显著，这与其旅游产业发展水平差异也是保持一致的。

表 6-1　广西各城市 A 级景区数量与旅游总消费的相关性分析（2008 年）

指标		A 级景区数量	旅游总消费
A 级景区数量	Pearson Correlation	1	.779**
	Sig. (2-tailed)		0.001
	N	14	14
旅游总消费	Pearson Correlation	.779**	1
	Sig. (2-tailed)	.001	
	N	14	14
**. Correlation is significant at the 0.01 level (2-tailed).			

从表 6-1 中可知，2008 年广西 14 个城市 A 级景区数量与其当年旅游总消费之间的相关性系数为 0.779，为中等程度正相关，同时 P 值为 0.001<0.01，具备显著性。

表 6-2　广西各城市 A 级景区数量与旅游总消费的相关性分析（2013 年）

指标		A 级景区数量	旅游总消费
A 级景区数量	Pearson Correlation	1	.737**
	Sig. (2-tailed)		.003
	N	14	14
旅游总消费	Pearson Correlation	.737**	1
	Sig. (2-tailed)	.003	
	N	14	14
**. Correlation is significant at the 0.01 level (2-tailed).			

从表 6-2 中可知，2013 年广西 14 个城市中 A 级景区数量与其当年旅游总消费之间的相关性系数为 0.737，为中等程度正相关，同时 P 值为 0.003<0.01，具备显著性。

表 6-3　广西各城市 A 级景区数量与旅游总消费的相关性分析（2017 年）

指标		A 级景区数量	旅游总消费
A 级景区数量	Pearson Correlation	1	.793**
	Sig. (2-tailed)		0.001
	N	14	14
旅游总消费	Pearson Correlation	.793**	1
	Sig. (2-tailed)	.001	
	N	14	14
**. Correlation is significant at the 0.01 level (2-tailed).			

从表 6–3 中可知，2017 年广西 14 个城市中 A 级景区数量与其当年旅游总消费之间的相关性系数为 0.793，为中等程度正相关，同时 P 值为 0.001<0.01，具有显著性。

通过 2008 年、2013 年、2017 年，3 年的数据分析来看，广西 14 个城市中的 A 级景区数量均与其旅游总消费存在着正相关的线性关系，说明旅游资源禀赋是旅游经济水平发展的影响因素，旅游资源禀赋的高低影响着各城市的旅游总消费水平的高低。

6.3.2　经济发展水平

通过查阅已有研究发现，区域经济发展水平与旅游业的发展具有较高程度的关联效应。一方面就旅游客源地来说，该地区的经济发展水平越高，居民的经济收入越高，进行旅游活动的意愿就更加强烈；另一方面就旅游目的地来说，由于旅游活动的属性特点，包含了“吃、住、行、游、购、娱”6 大要素，旅游产业的综合性也较强，因此，旅游业的发展需要国民经济方方面面的支撑，国民经济较好地区一般拥有较好的交通设施、服务设施、产业支撑等。

为了探究广西各城市旅游业发展水平与当地国民经济发展水平的相关性，本书选取 2008~2017 年各城市旅游总消费与国民生产总值（GDP）数据，使用 SPSS 20.0 软件分析两者之间的相关性。

通过 SPSS 20.0 软件，得到表 6–4 广西各城市经济发展水平与旅游业的相关性分析。根据表 6–4 的分析结果可以发现，广西各城市旅游总消费与当地国民经济生产总值（GDP）的相关性系数为 0.842，说明两者之间呈现高度正相关关系，同时 P 值为 0.000<0.01，具有显著性。

表 6–4　广西各城市经济发展水平与旅游业的相关性分析

指标		旅游总消费	国民生产总值（GDP）
旅游总消费	Pearson Correlation	1	0.842**
	Sig. (2–tailed)		0.000
	N	14	14

续表

指标		旅游总消费	国民生产总值（GDP）
国民生产总值（GDP）	Pearson Correlation	.842**	1
	Sig. (2-tailed)	.000	
	N	14	14
**. Correlation is significant at the 0.01 level (2-tailed).			

注：以上数据来自《广西统计年鉴》。

由此可知，广西各城市的旅游发展水平受到了其所在地整体国民经济发展水平的影响，良好的国民经济发展为旅游业的发展提供了较好的基础。

近些年，广西抓紧进行道路建设，区内各地公路通车里程迅速增加，全区多条高速铁路开通运行，均提高了各城市的交通密度，提高了各地特别是交通不便如河池、百色等地的交通可达性，为游客进入旅游目的地提供了便利条件；再如良好的经济发展为酒店、饭店、景区开发等提供了充足的资金保障，为优秀旅游资源的开发与挖掘提供了条件，促进了旅游产品及时的升级换代，使得当地的旅游资源得以充分利用，提高了旅游竞争力，提升了旅游业的经济效益，从而大大促进了整个旅游产业的发展。

6.3.3 交通通达状况

20 世纪 90 年代，国外学者开始将旅游业与交通运输业这两大产业放在一起，开展了大量关联性方面的研究，取得了丰富的研究成果。在国内，随着我国旅游学科的不断建设与完善，旅游交通作为研究热点，吸引了国内学者的极大关注，利用多种方法探究交通与旅游业之间的相关性。不管是国内还是国外，学者们都分析出了交通运输业与旅游产业发展之间具有不可分割性且具有相当高的关联性。

为探究广西旅游业发展水平与交通可达性之间的相关性，本文以游客出行使用率最高的公路里程和铁路里程为指标，选取 2008~2017 年广西 10 年间旅游总消费和公路里程、铁路营运里程数据，使用 SPSS 20.0 软件分析旅游总消费与交通可达性之间的相关性如表 6–5 所示。

表 6–5　广西旅游总消费与交通可达性的相关性分析（2008~2017 年）

指标		旅游总消费	公路里程	铁路营运里程
旅游总消费	Pearson Correlation	1	.991**	.903**
	Sig. (2–tailed)		.000	.000
	N	10	10	10
公路里程	Pearson Correlation	.991**	1**	.947**
	Sig. (2–tailed)	.000	.000	.000
	N	10	10	10
铁路营运里程	Pearson Correlation	.903**	.947**	1
	Sig. (2–tailed)	.000	.000	
	N	10	10	10
**. Correlation is significant at the 0.01 level (2–tailed).				

从表 6–5 广西旅游总消费与交通可达性的相关性分析（2008~2017 年）中可知，广西旅游总消费与公路里程之间的相关性系数为 0.991，呈现出高度正相关关系，同时 P 值为 0.000<0.01，具有显著性；广西旅游总消费与铁路营运里程之间的相关性系数为 0.903，呈现出高度正相关关系，同时 P 值为 0.000<0.01，具有显著性。

根据上述分析可知，广西旅游总消费与公路里程数、铁路营运里程之间均呈现出了高度正相关关系，并且与公路里程之间的正相关性稍大于与铁路营运里程正相关性。长期以来，广西铁路交通弱势明显，全国数次铁路提速均与广西无缘。随着新一轮国家战略中国与东盟合作等机遇的到来，广西铁路的建设也进入加快发展期。2013 年，衡柳铁路运营，实现了广西在高铁“零”的突破。随后，柳南、钦北等高铁路线开通，南宁、北海、防城港、钦州 4 个城市之间形成了“1 小时经济圈”；2014 年，南广铁路、贵广客运专线开通运营，连通了中国西北、西南地区、珠三角、粤港澳地区；2016 年云桂铁路开通运营，至此，广西与周边省份全部实现高铁直通。目前，广西已有 7 条高铁营运线路，近 85% 的城市开通动车，连通 18 个省份、直辖市。随着交通可达性的提升，广西旅游业也开启了全新的提速发展阶段，旅游总消费相较高铁开通之前迅速攀升，交通可达性对旅游业发展的重要性可见一斑。

6.3.4 地理区位条件

孙根年（2003）在研究西部入境旅游和区位关系中也验证了区位对旅游发展的重要性，认为我国旅游业的发展水平在总体上与区位条件现状较为一致。旅游业的发展核心是旅游资源，由于受地理环境等因素的影响相对于其他资源，还具有地域特征和不可移动性。因此，旅游资源的地域特征和不可移动性决定了旅游目的地不仅要具有较好的可进入性，同时也要具备较好的区域位置。

广西拥有依托天然的自然地理环境，拥有丰富独特的旅游资源，品位高、分布广，形成了以自然山水、滨海休闲、边关览胜、民族风情、红色旅游为代表的七大品牌旅游区。尽管广西各城市旅游资源丰富，各有特色，分布均匀，但地理位置却呈现较大差异。

广西东部、东南部与广东接壤，毗邻粤港澳大湾区，处于广西东南的玉林市，东部的梧州市占据了区位优势，粤港澳大湾区良好的经济发展水平将为广西东南地市提供良好的客源市场优势；广西北部接壤湖南省，处于广西北部的桂林是广大内陆省市进入广西的门户，同时由于贵广高铁、衡柳高铁途经桂林，使桂林成为连接周边 4 个省会城市长沙、广州、南宁、贵阳的重要节点，形成了“3 小时”都市旅游圈的格局，区位优势非常明显；广西西北、西南与贵州省、云南省接壤，其中河池市与贵州省接壤，百色市与云南省、贵州省接壤，贵州省与云南省经济发展水平同属全国中下层水平，周边客源消费水平相对东部的粤港澳大湾区较为欠缺，区位优势不明显。该区域为三省交界处，同属少数民族地区，旅游资源特色差异性不明显，同时因该区域处于内陆山区，交通也较为不便，因此，处于此区域的百色市、河池市区域优势较为不足；广西西南部与越南陆地接壤，南部面向东南亚，随着“一带一路”及“中国－东盟国际贸易区”的不断发展，处于该区域的崇左市、防城港市具有较为不错的入境客源市场优势，而无陆地接壤优势的北海市、钦州区位优势不太明显；处于广西中部的南宁市作为广西首府，是政治、经济、教育的中心，无论是在全区客源市场及周边省份客源市场方面都拥有不错的区位优势，同属中部的柳州市、来宾市属于内陆城市，既无与周边省份接壤的优势，又无南宁市等资源聚集的带动优势，两地区位优势较为一般，在上文对广西旅游总消费及旅游总接待人数的历时差异中也可以得到体现。

综上分析，区位条件的优劣，造成了广西各城市旅游发展的先天基础上的差异。良好的区位条件能够使旅游目的地在客源市场方面占据极大的优势，游客能够较轻易的进入到旅游目的地开展旅游活动，从而产生经济效益。例如，在五一、清明节、周末等休闲时间较为有限的短时假期，广东游客更多的会选择在周边地区如广西、香港、澳门等开展旅游活动，由于时间与空间的限制，选择在短时假期去较远的东北、内蒙古、新疆等地开展旅游活动的概率则会大为减少。空间相互作用理论也证实，区位是旅游目的地旅游业发展的基础，更是促进旅游业发展的一个重要因素。

第 7 章　广西旅游产业效率的测算

7.1　研究方法

7.1.1　DEA 模型

本文首先将面板数据进行横向比较，测量出各时间截面上各市（DMU）之间的相对投入效率。具体的测算过程是：假设有 n 个评价对象 DMU，并且每个 DMU 有 m 种投入与 s 种产出，在计算特定的 DMU_o 的效率值时，则在产出既定下基于投入导向型的 CCR 模型，其数据如式（7–1）所示。

$$\begin{cases} \theta_o^{\ *} = \min\theta_o \\ \sum X_{ij}\lambda_j + s^+ = \theta X_{io}, \\ \sum Y_{rj}\lambda_j - s^+ = Y_{ro} \\ \lambda_j \geqslant 0 \end{cases} \tag{7–1}$$

$$i = 1, 2, \cdots, m; r = 1, 2, \cdots, s; j = 1, 2, \cdots, n$$

$$s^+ \geqslant 0, s^- \geqslant 0$$

其中，m 表示投入指标序号；s 表示产出指标序号；n 表示决策单元 DMU 的序号。X_{ij}, Y_{rj} 分别表示第 j 个 DMU 的第 i 项投入向量与第 r 项产出向量，并且 $X_{ij} \geqslant 0; Y_{rj} \geqslant 0$；同理，$X_{io}$ 和 Y_{ro} 表示的是 DMU_o 的第 i 项投入向量与第 r 项产出向量。s^+, s^- 分别表示投入松弛变量与产出松弛变量。在公式（7–1）中，θ^* 为指定 DMU 的最终的效率值。当 $\theta^* = 1$ 时，表示该评价单元处于生产前沿面上，即效率有效；相反，当 $\theta^* < 1$ 时，则表示该评价单元落后生产前沿面，即效率无效。

公式（7–1）的模型是在规模报酬不变的前提下构建的，但在现实生活中很难保证规模报酬不限，为此，Banker（1984）等人基于规模报酬可变的情况对上面的模型进行进一步延伸。随即就有了 CCR 模型的衍生版 BBC 模型。BBC 模型也成了 1990 年以来被应用得最为广泛的 DEA 模型。该模型与 CCR 模型不同的一点是增加了一项硬性规定 $\sum\lambda_j=1$，如公式（7-2）所示。

$$\begin{cases} \theta_o^*=\min\theta_o \\ \sum X_{ij}\lambda_j+s^+=\theta X_{io}, \\ \sum Y_{rj}\lambda_j-s^+=Y_{ro} \\ \sum\lambda_j=1;\ \lambda_j\geqslant 0 \end{cases} \tag{7-2}$$

由于其他各指标的含义与上面相同，在此就不再赘述。此外，Coelli(1996) 还指出，该公式能进一步将所测算出来的技术效率 TE（总效率 θ_o^*）分解为纯技术效率 *PTE* 与规模效率 *SE*，并且有 $TE=PTE*SE$。这样不仅可以判断各评价单元是否有效，还可以找出影响评价单元效率值的具体原因。

7.1.2　Malmquist 指数模型

上一章提到全要素生产率按时间来进行划分可以分为同一时期下的全要素生产率和不同时期下的全要素生产率。本文为进一步评价各评价单元在不同时间截面上效率的变化规律，研究的是不同时期下的全要素生产率。目前经济学中多采用生产率指数理论方法来进行研究，最常用的是曼奎斯特指数。为此，本文引入曼奎斯特指数模型来测算各评价单元的多时期动态全要素效率变化情况。曼奎斯特指数模型的概念最早由 Malmquist（1953）提出，随后 Caves 等人将该理论模型引入其工作中。而该理论模型投入实证研究中并真正流行起来是从 Fare 等人开始。该模型通过计算同一技术水平下每年的距离函数比来评估同一决策单元前后两年生产率的变化情况。Fare 等人在产出导向型（给定投入水平下所能获得的最大产出）或投入导向型（既定产出下所需的最小投入）的假设前提下，以 $t+1$ 时期的技术水平为基准，通过测算 t 期与 $t+1$ 期的效率值来获得最终的曼奎斯特指数。具体如公式（7-3）所示。

$$MI_o^{t+1}=\frac{d_o^{t+1}\left(y_{t+1},x_{t+1}\right)}{d_o^{t+1}\left(y_t,x_t\right)} \tag{7-3}$$

其中，下标 o 指的是被评价的单元，y_{t+1},x_{t+1} 指的是 $t+1$ 期的生产点，y_t,x_t 指的

是 t 期的生产点，$d_o^{t+1}(y_{t+1},x_{t+1})$ 和 $d_o^{t+1}(y_t,x_t)$ 指的是决策单元 o 分别在 t+1 和 t 时期的距离函数。同理，在以 t 时期的技术水平为基准来测算 t 期与 t+1 期的效率值来获得最终的曼奎斯特指数时，具体的公式如式（7–4）所示。

$$MI_o^t = \frac{d_o^t(y_{t+1},x_{t+1})}{d_o^t(y_t,x_t)} \tag{7–4}$$

为了避免对上面两种技术水平为基准的任意选择，Fare 等人采取了一种几何均值的方法来测算，最终的结果如公式（7–5）所示。

$$MI_o = \left[\frac{d_o^t(y_{t+1},x_{t+1})}{d_o^t(y_t,x_t)} \times \frac{d_o^{t+1}(y_{t+1},x_{t+1})}{d_o^{t+1}(y_t,x_t)}\right] \wedge 0.5 \tag{7–5}$$

当公式（7–5）的结果为 $MI_o > 1$ 时，表示全要素生产率呈正增长；当 $MI_o = 1$ 时，表示全要素生产率不变；当 $MI_o < 1$ 时，表示全要素生产率呈负增长。

此外，Fare 等人进一步指出该指数可以被进一步分解为两个部分：一个用来描述技术效率在两个时期的变化（是否该 DMU 越来越接近效率前沿面）；另一个用来反映科学技术进步（前沿是否随着时间发生转移）。

7.2　研究对象及数据来源

在指标选取方面，本文以广西 14 个市级单位为研究对象，截取 2006~2016 年面板数据进行 DEA 测评。由于采用 DEA 方法对效率进行测评时，其结果主要取决于投入指标与产出指标的选取。因而，在使用 DEA 方法时，投入指标与产出指标的选取是进行科学测评的关键。在指标的选择上要遵循科学性、适宜性和可操作性的原则。依据经济学中对生产过程及生产要素的定义，本文的投入指标主要从资本、劳动力、土地的投入 3 个方面进行选取；产出指标则以直接经济效益来进行选取。最终确定了代表资本投入的固定资产投资额，代表劳动力投入旅游部门总数量（包括旅游饭店数量、旅游管理部门数量和旅行社数量），代表旅游资源投入的旅游资源禀赋总分共 3 个二级指标为投入指标。确定了代表经济效益的国内旅游收入和国际旅游收入共 2 个二级指标为产出指标，如表 7–1 所示。

表 7-1　产出与投入指标的数据特征

项目		产出指标		投入指标		
		Y1 国内旅游收入（亿元）	Y2 国际旅游收入（万元）	X1 固定资产投资额（亿元）	X2 旅游部门数量(个)	X3 旅游资源禀赋总分（分）
N	有效	154	154	154	154	154
	缺失	0	0	0	0	0
均值		111.61	54133.15	692.99	77.73	84.15
均值的标准误		10.833	9549.053	51.414	4.787	7.008
中值		67.16	17788.50	497.21	57.00	50.00
众数		23.77	617[a]	67.24[a]	40	36
标准差		134.438	118500.633	638.032	59.402	86.969
方差		18073.541	14042399912.795	407085.400	3528.576	7563.579
偏度		2.936	4.039	2.243	2.089	1.786
偏度的标准误		.195	.195	.195	.195	.195
峰度		11.320	17.372	6.203	4.285	2.774
峰度的标准误		.389	.389	.389	.389	.389
全距		901.72	784349	3757.49	309	399
极小值		1.52	617	67.24	19	3
极大值		903.24	784966	3824.73	328	402
和		17187.83	8336505	106721.15	11971	12959

注：a 表示存在多个众数。显示最小值

其中，对于旅游资源投入指标的处理过程是选取该市当年 2A 级及其以上景区进行赋值累加，具体公式如式（7-6）所示。

$$X_{ij}=10\alpha_{ij}+8\beta_{ij}+6\gamma_{ij}+3\delta_{ij} \tag{7-6}$$

其中，$i=1,2,3,\cdots,14$；$j=2006,2007,2008,\cdots,2016$；$\alpha_{ij}$，$\beta_{ij}$，$\gamma_{ij}$，$\delta_{ij}$ 分别表示 j 年第 i 个 DMU 所拥有的 5A、4A、3A 和 2A 级景区数量；10、8、6 和 3 分别表示 5A、4A、3A 和 2A 级景区相对应的赋分值。X_{ij} 表示 j 年第 i 个 DMU 所得最终旅游资源禀赋总分。

此外，本文各年的 DMU 个数 =14>2，投入指标个数 + 产出指标个数 =5<14 且投入指标个数 × 产出指标个数 =10<14，所以满足了 DEA 方法对数据指标的要求。在数据来源方面，为保证数据的科学性、权威性，本文所用数据若无特殊说明均来自于 2006~2017 年的《广西统计年鉴》及 2006~2016 年广西各市国民经济与社会发展统计公报。

7.3　基于 DEA 模型的旅游产业效率分析

通过对 2006~2016 年广西各市各项旅游投入与产出指标原始数据的整理，应用 DEAP2.1 软件对各市各年的旅游效率进行测度计算，结果如表 7–2 所示。

7.3.1　广西各市旅游纯技术效率

从旅游纯技术效率水平上看，2006~2016 年广西全区的均值为 0.936，距离有效前沿面 0.064，共 9 市超过区内平均水平，占总体数量的 64.29%。其中，南宁、桂林和来宾三市始终处于生产前沿面上，占总体数量的 21.43%；柳州、钦州、玉林、河池四市均未达到区内平均水平，但都处于 0.8 以上的水平。表 7–2 表明观测期内，广西各市的旅游纯技术效率较高。此外，从时间轴上看，广西全区各年的旅游纯技术效率均值除 2016 年为 0.896，其余各年均保持在 0.9 以上的水平，也进一步反映了广西各市的投入要素在使用上的效率较高，各市均能有效利用生产技术使产出实现最大化。为进一步显示各市旅游纯技术效率的变化情况，本文利用 ArcGIS 软件分别对 2006~2016 年 11 个时间截面的结果进行插值处理（反距离权重法），运用自然间断点分析法将整个地图分为 5 个类别（依据效率值从高到低排序分为第一类别至第五类别）。

表 7-2　2006~2016 年广西各市旅游效率值

类型	城市	2006 年	2007 年	2008 年	2009 年	2010 年	2011 年	2012 年	2013 年	2014 年	2015 年	2016 年	均值
纯技术效率	南宁市	1	1	1	1	1	1	1	1	1	1	1	1
	柳州市	0.909	1	0.983	1	0.855	0.81	0.728	0.76	0.654	0.635	0.616	0.814
	桂林市	1	1	1	1	1	1	1	1	1	1	1	1
	梧州市	1	1	1	1	1	1	1	0.886	0.742	1	0.807	0.949
	北海市	1	1	1	1	1	1	1	1	0.985	0.998	0.979	0.997
	防城港市	1	1	1	0.895	0.948	0.865	0.924	0.921	0.999	1	1	0.959
	钦州市	0.79	0.798	0.935	0.852	0.875	0.763	0.813	0.809	0.878	0.845	0.653	0.819
	贵港市	0.759	0.722	1	1	1	1	1	1	1	1	1	0.953
	玉林市	0.773	0.834	0.771	0.86	0.842	0.811	0.916	0.833	0.801	0.893	0.954	0.844
	百色市	0.88	0.867	0.991	1	0.964	1	0.955	0.826	0.925	0.938	0.828	0.925
	贺州市	1	0.865	0.816	1	0.987	1	1	1	1	1	1	0.970
	河池市	0.589	0.582	0.804	0.91	0.994	1	1	1	1	1	1	0.898
	来宾市	1	1	1	1	1	1	1	1	1	1	1	1
	崇左市	1	1	1	1	1	1	1	1	1	0.967	0.713	0.971
	均值	0.907	0.905	0.95	0.966	0.962	0.946	0.953	0.931	0.927	0.948	0.896	0.936

续表

类型	城市	2006年	2007年	2008年	2009年	2010年	2011年	2012年	2013年	2014年	2015年	2016年	均值
规模效率	南宁市	1	1	1	1	1	1	1	1	1	1	1	1
	柳州市	0.929	1	0.882	0.925	0.91	0.895	0.873	0.862	0.936	0.958	0.992	0.924
	桂林市	1	1	1	1	1	1	1	1	1	1	1	1
	梧州市	1	1	1	1	1	1	1	0.987	0.963	1	0.998	0.995
	北海市	1	1	1	1	1	0.937	0.977	1	0.988	0.999	0.992	0.990
	防城港市	0.557	0.503	0.536	0.621	0.613	0.6	0.6	0.637	0.623	0.705	0.671	0.606
	钦州市	0.645	0.671	0.591	0.583	0.531	0.628	0.652	0.654	0.555	0.612	0.867	0.635
	贵港市	0.679	0.738	0.797	0.906	0.937	0.911	1	1	1	0.943	1	0.901
	玉林市	0.911	0.93	0.878	0.776	0.858	0.916	0.87	0.904	0.876	0.884	0.995	0.891
	百色市	0.83	0.818	0.736	0.78	0.806	0.788	0.748	0.882	0.902	0.915	0.973	0.834
	贺州市	1	0.485	0.401	0.883	0.883	1	1	1	1	1	1	0.877
	河池市	0.849	0.741	0.844	0.746	0.761	0.861	1	1	1	1	1	0.891
	来宾市	0.628	0.598	0.331	0.366	0.337	0.515	0.491	0.558	0.633	0.79	1	0.568
	崇左市	0.871	0.652	1	1	1	1	1	1	1	0.792	0.876	0.926
	均值	0.85	0.795	0.785	0.828	0.831	0.861	0.872	0.892	0.891	0.9	0.955	0.860

续表

类型	城市	2006 年	2007 年	2008 年	2009 年	2010 年	2011 年	2012 年	2013 年	2014 年	2015 年	2016 年	均值
总效率	南宁市	1	1	1	1	1	1	1	1	1	1	1	1
	柳州市	0.845	1	0.867	0.925	0.779	0.725	0.635	0.655	0.613	0.608	0.611	0.751
	桂林市	1	1	1	1	1	1	1	1	1	1	1	1
	梧州市	1	1	1	1	1	1	1	0.875	0.715	1	0.805	0.945
	北海市	1	1	1	1	1	0.937	0.977	1	0.974	0.997	0.972	0.987
	防城港市	0.557	0.503	0.536	0.556	0.581	0.519	0.555	0.587	0.622	0.705	0.671	0.581
	钦州市	0.509	0.535	0.552	0.497	0.465	0.479	0.53	0.529	0.487	0.517	0.566	0.515
	贵港市	0.515	0.532	0.797	0.906	0.937	0.911	1	1	1	0.943	1	0.867
	玉林市	0.704	0.775	0.678	0.667	0.723	0.743	0.798	0.754	0.701	0.789	0.949	0.753
	百色市	0.73	0.709	0.729	0.78	0.777	0.788	0.714	0.728	0.834	0.858	0.805	0.768
	贺州市	1	0.419	0.328	0.883	0.872	1	1	1	1	1	1	0.864
	河池市	0.501	0.431	0.678	0.678	0.756	0.861	1	1	1	1	1	0.810
	来宾市	0.628	0.598	0.331	0.366	0.337	0.515	0.491	0.558	0.633	0.79	1	0.568
	崇左市	0.871	0.652	1	1	1	1	1	1	1	0.766	0.625	0.901
	均值	0.776	0.725	0.75	0.804	0.802	0.82	0.836	0.835	0.827	0.855	0.857	0.808

南宁、桂林、来宾、崇左、北海始终为旅游纯技术效率最高的地区。这类地区除了 2014 年的北海（0.985）、2015 年的北海（0.998）、2016 年的北海（0.979）和 2015 年的崇左（0.967）、2016 年的崇左（0.713），各年的旅游纯技术效率值基本上维持在有效前沿面上，即为 1。贺州、贵港和河池三市的旅游纯技术效率则进步显著，尤其贵港、河池分别于 2008 年、2011 年直线增长到生产前沿面并稳定到观测期结束，投入要素的利用效率得到了极大改善；贺州市尽管 2007 年（0.865）、2008 年（0.816）和 2010 年（0.987）的效率值出现短暂性回落，但整体态势依旧强劲，其 2006~2016 年的效率均值为 0.970，处于区内平均水平之上。柳州、钦州、玉林和百色四市的表现则相对较差，旅游纯技术效率均值均低于全区平均水平，分别为 0.814、0.819、0.844、0.925。其中，柳州市的表现近年来最差，从 2010 年起就一直属于效率值最低的类别；钦州、玉林两市也始终在第三类到第五类且大多时候位于第五类；百色市的效率值则十分不稳定，但大多时候为第一类和第二类。梧州和防城港市也表现出无规律性变化，其中防城港市表现为 2009~2013 年效率值较低，2009 年低至第五类，但 2006~2008 年与 2014~2016 年两个时间段表现优秀，投入要素的使用效率被最大化，纯技术效率值达到生产前沿面上；梧州市近年来效率值则出现极大的变异，2006~2012 年还一直停留在效率前沿面，投入要素的使用效率实现了最大化，但到了 2013 年，效率值突然变为第四类（0.886），2014 年的效率值最低为第五类（0.742），2015 年效率值再次达到效率前沿面，2016 年又变为第四类（0.807）。

7.3.2 广西各市旅游规模效率

从旅游规模效率水平上看，2006~2016 年广西全区的均值为 0.860，距离有效前沿面 0.140，共 10 市超过区内平均水平，占总体数量的 71.43%。其中，南宁、桂林两市始终处于生产前沿面上，占总体数量的 14.29%；百色、钦州、防城港和来宾四市均未达到区内平均水平，分别为 0.834、0.635、0.606 和 0.568。此外，从时间轴上看，广西全区的旅游规模效率均值除 2015 和 2016 年，其余时间段均为 0.9 以下的水平，表明观测期内，广西各市的旅游规模效率差异较大，部分市各年的旅游产出与投入比例不适当，并未实现在技术一定的情况下产出最大化。同上文一样，为进一步显示旅游规模效率的变化情况，利用同样的处理方法对 2006~2016 年 11 个时间截面的结果进行插值处理，将广西各年各市旅游规模效率划分为 5 个类别。（本章节的处理方法均一致，下文不再赘述。）

南宁、桂林、北海和梧州市始终为旅游规模效率最高的地区。这类地区除了 2011 年的北海（0.937）、2012 年的北海（0.977）、2013 年的梧州（0.987）、2014 年的梧州（0.963）、2014 年的北海（0.988）、2015 年的北海（0.999）、2016 年的北海（0.992）和 2016 年的梧州（0.998）接近与水平 1，其余各年各市的旅游规模效率值均位于有效前沿面上，即为 1。在剩下的城市中，柳州市除 2013 年（0.862）低于该年全区平均水平（0.892），其他时间段也都处于全区平均水平之上，效率值基本上在第一类和第二类跳动；贺州市则在 2007 年和 2008 年出现效率值变异，分别为 0.485 和 0.401，远远低于全区平均水平，但 2009 年之后又回升到 0.883，并于 2011 年达到生产前沿面呈现稳定状态；河池市也是在 2012 年从低于全区平均水平的状态上升到生产前沿面并稳定到观测期结束；崇左市的效率值则出现两头小、中间大的变化，即在 2006~2007 年和 2015~2016 年相对较低，但 2008~2014 年又较为稳定，始终处于第一类；贵港市除 2006~2008 年的效率值低于全区平均水平，2009 年起均处于区内平均水平之上，因此，到观测期后期其效率值在第一类和第二类跳动；玉林市则在观测前期旅游规模效率值相对较高，2006~2007 年均为 0.9 以上水平，属于第一类，但从 2008 年开始则在第二类和第三类浮动；百色市旅游规模效率除 2007 年（0.818）、2014 年（0.902）、2015 年（0.915）和 2016 年（0.973）外，其余各时间段均低于该年区内平均水平。此外，来宾、钦州、防城港三市各年的旅游规模效率除 2016 年的来宾（1）外，其他时间段内均明显低于全区平均水平，均属于第四或第五类，产出与投入的比例最不适当。

7.3.3　广西各市旅游总效率

从旅游总效率水平上看，2006~2016 年广西全区的均值为 0.808，距离有效前沿面 0.192，共 8 市超过区内平均水平，占总体数量的 57.14%。其中，南宁、桂林两市始终处于生产前沿面上，占总体数量的 14.29%；柳州、防城港、钦州、玉林、百色和来宾 6 市均未达到区内平均水平，占总体数量的 42.86%，并且均未达到 0.8 以上的水平。这表明观测期内，广西各市的旅游总效率并不理想。从时间轴上看，2006 年

（0.776）、2007 年（0.725）、2008 年（0.75）和 2010 年（0.802）均未达到 0.808 以上的水平，并且 2006~2008 年连续 3 年低于 0.8 的水平，表明广西各年大多数市在当年所拥有的技术水平下，获得最大产出的能力普遍不高，在生产既定的产出时未实现投入最小化。

南宁、桂林和北海三市始终为旅游总效率最高的地区。这类地区除了北海市 2011 年（0.937）、2012 年（0.977）、2014 年（0.974）、2015 年（0.997）和 2016 年（0.972）接近与有效前沿面（1），其他各市各年的旅游总效率值均位于有效前沿面上，即为 1。在剩下的城市中，贵港、贺州和河池三市在观测期前期总效率值普遍不高，都曾至少连续两个时间段处于第五类，但到观测后期生产能力逐渐增强，贺州市于 2009 年增长到 0.8 以上水平，并于 2011 年达到生产前沿面并维持到观测期结束；贵港市的旅游总效率值也是逐年增长，于 2009 年达到 0.9 以上水平，并于 2012 年达到生产前沿面并维持到观测期结束；河池市同样表现为逐年增长，于 2011 年达到 0.8 以上水平，并于 2012 年达到生产前沿面并维持到观测期结束。梧州市在 2006~2012 年旅游总效率处于高水平状态，即始终处在效率前沿面上，为第一类，但近年来变现出极大的不确定性，尤其在 2013 年、2014 年和 2016 年均低于 0.9 的水平，在第二类或第四类跳动。崇左市的旅游总效率值也同其旅游规模效率值得变化一样表现出两头小、中间大，即 2008~2014 年表现优异，始终处在效率前沿面上，为第一类，但 2006~2007 年和 2015~2016 年生产能力不高。玉林和百色两市的旅游总效率始终在 0.7 左右上下浮动，生产能力并不高，在整个广西区来看，基本上属于第三类和第四类。防城港、钦州和来宾 3 市的生产能力历年表现为全区最差，2006~2015 年的旅游总效率均值均低于 0.6 的水平，各市各年的效率值均属于第四类和第五类。此外，柳州市的生产能力则逐渐衰退，在 2009 年之前都表现较好，始终保持在 0.8 以上的水平，在区内的排名也属于第一类或第二类，但从 2010 年起便逐渐衰退，从第三类逐渐降至第五类，导致其全年的最终旅游总效率均值只有 0.751，低于全区水平 0.806。

7.3.4 小结

根据前文提到的内容：总效率 = 纯技术效率 × 规模效率，最后将横坐标设为对应城市的旅游总效率均值，纵坐标设为对应城市的分解效率均值分别绘制散点图。由于纯技术效率、规模效率位于区间 [0,1]，因而总效率始终不会超过其纯技术效率和规模效率，也就是说，散点图中各点可能存在等于或大于 45 度线以上区域，并且散点约接近 45 度对角线则表明该分解效率对总效率的影响力和制约强度越大；反之，越小。

如图 7–1 显示了各市 2006~2016 年的旅游总效率均值与分解效率均值的离散情况。可以看到，当研究旅游总效率均值与旅游纯技术效率均值时，大多数散点偏离了 45 度对角线，尤其来宾、防城港、钦州市表现最为突出，只有少数散点（南宁、桂林、北海、梧州）在 45 度对角线上，表明对大多数城市而言，旅游纯技术效率对总效率的影响力和制约强度相对较弱，并不能很好的解释总效率。相反，当研究旅游总效率均值与旅游纯技术效率均值时，大多数散点围绕 45 度对角线呈集中分布，表明规模效率对总效率的影响力和制约强度大。

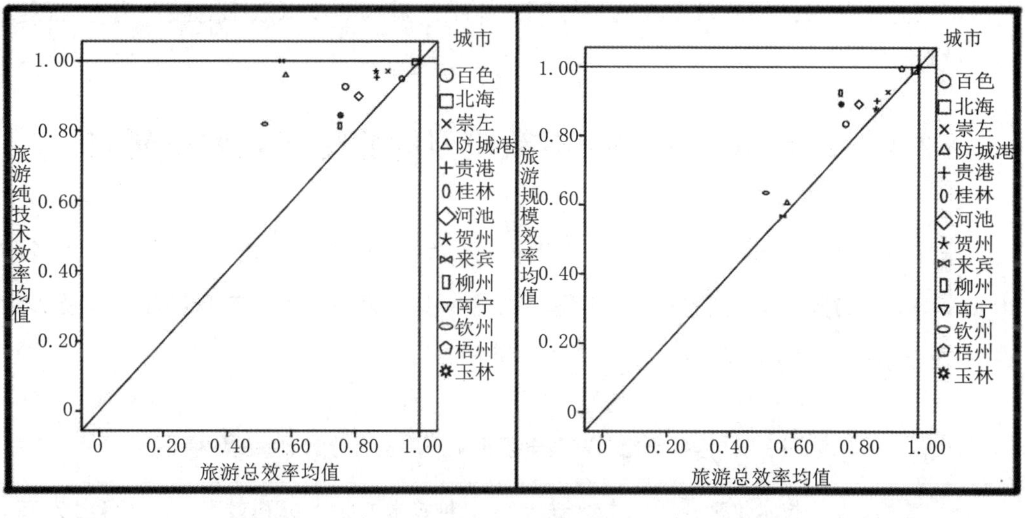

图 7–1　广西各市 2006~2016 年的旅游总效率均值与分解效率均值的离散图

图 7–2 显示了广西各年旅游总效率均值与分解效率均值的离散情况。从图中可以明显看出，各年旅游规模效率均值对旅游总效率均值的影响力和制约强度要大于旅游纯技术效率均值对旅游总效率均值的影响力和制约强度。

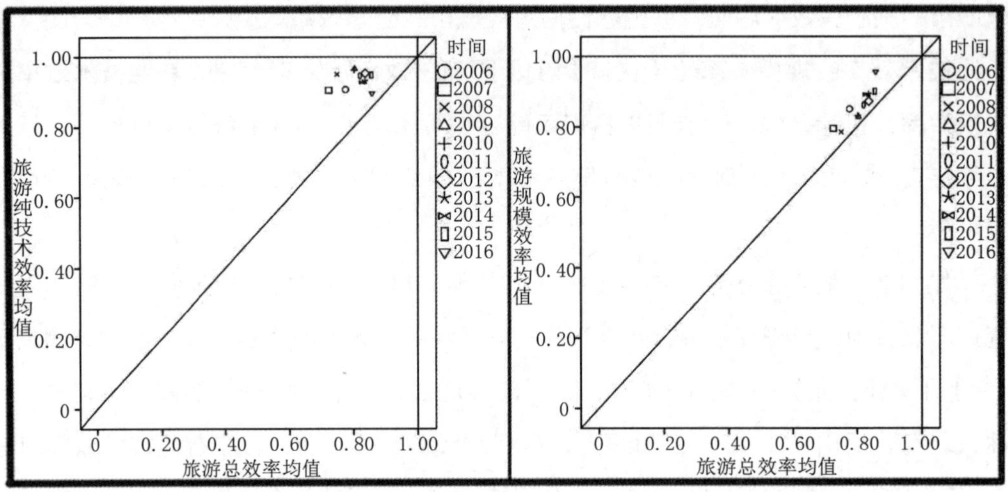

图 7-2　广西各年旅游总效率均值与分解效率均值的离散图

综合图 7-1 和图 7-2 可知，纯技术效率和规模效率都制约和影响着观测期内广西各市旅游总效率，但总效率与规模效率的关系比其与纯技术效率的关系更为紧密。

7.4　基于 Malmquist 指数模型的旅游产业效率研究

采用前面研究中同样的投入与产出指标，继续利用 DEAP2.1 软件对广西各市 2006~2015 年的曼奎斯特指数进行计算，以进一步了解广西各市旅游产业的全要素生产率变化情况，最终结果如表 7-3~ 表 7-5 所示。

表 7-3　广西各年旅游产业全要素生产率及其分解效率的均值

时间	技术效率（effch）	技术进步（techch）	纯技术进步（pech）	规模效率（sech）	全要素生产率（tfpch）
2006~2007 年	0.922	1.069	0.997	0.925	0.985
2007~2008 年	1.021	0.853	1.058	0.965	0.871
2008~2009 年	1.095	1.107	1.019	1.075	1.211
2009~2010 年	0.995	1.201	0.996	0.999	1.195

续表

时间	技术效率（effch）	技术进步（techch）	纯技术进步（pech）	规模效率（sech）	全要素生产率（tfpch）
2010~2011 年	1.035	1.125	0.981	1.055	1.164
2011~2012 年	1.018	1.093	1.007	1.01	1.112
2012~2013 年	1.005	1.211	0.977	1.029	1.217
2013~2014 年	0.991	1.164	0.992	0.998	1.153
2014~2015 年	1.042	0.992	1.024	1.018	1.033
2015~2016 年	1.001	1.222	0.939	1.066	1.223
均值	1.012	1.098	0.999	1.013	1.099

表 7-3 显示的是广西各年旅游产业全要素生产率及其分解效率的均值。从上表中可以看到，广西 2006~2016 年的曼奎斯特指数（即全要素生产率）均值为 1.099，表示广西从 2006 年到 2016 年的旅游全要素生产率以 9.9% 的年增长率增长。其中，年增长率最高的是技术进步（为 9.8%），但技术效率和规模效率的年增长率不高，分别为 1.2% 和 1.3%。尽管纯技术进步为 –0.1% 的增长率，但几乎可以看成无变化，即纯技术进步无变化。说明广西旅游产业全要素生产率的增长主要依托于技术进步，技术效率和规模效率虽然也起到了正面影响，但影响力较低，几乎可以忽略不计。此外，还可以看到的是 2006~2007 年和 2007~2008 年两个时间段内的曼奎斯特指数要小于 1。2006~2007 年，尽管技术进步增长了 6.9%，但技术效率、纯技术进步和规模效率均出现落后，导致最终全要素生产率下降了 1.5%；2007~2008 年，技术效率和纯技术进步都得到了增长，但技术进步和规模效率分别落后 4.7% 和 3.5%，最终全要素生产率落后 12.9%。

图 7-3 描述了 2006~2016 年广西旅游产业全要素生产率及其分解效率的变化情况。可以明显看到纯技术进步的波动幅度最小，始终围绕 1 在 0.05 的幅度范围内上下波动；规模效率和技术效率在前两个时间段内的波动幅度稍微较大，但后期也较为平稳；技术进步则波动幅度最大，2007~2008 年降至最低为 0.853，此后一直保持在 1 以上的水平，但到了 2014~2015 年又迅速跌至 0.992。从整体上看，广西旅游产业

全要素生产率的波动情况与技术进步的波动情况是一致的。再一次说明若要提高广西旅游产业全要素生产率，就要积极刺激技术进步的增长。

表 7-4　广西各市 2006~2016 年的旅游产业全要素生产率及其分解效率的均值

城市	技术效率（effch）	技术进步（techch）	纯技术进步（pech）	规模效率（sech）	全要素生产率（tfpch）
南宁市	1	1.099	1	1	1.099
柳州市	0.968	1.175	0.962	1.007	1.138
桂林市	1	1.026	1	1	1.026
梧州市	0.979	0.986	0.979	1	0.965
北海市	0.997	1.035	0.998	0.999	1.032
防城港市	1.019	1.126	1	1.019	1.147
钦州市	1.011	1.175	0.981	1.03	1.187
贵港市	1.069	1.069	1.028	1.039	1.142
玉林市	1.03	1.109	1.021	1.009	1.143
百色市	1.01	1.208	0.994	1.016	1.22
贺州市	1	1.135	1	1	1.135
河池市	1.072	1.067	1.054	1.016	1.143
来宾市	1.048	1.128	1	1.048	1.182
崇左市	0.967	1.054	0.967	1.001	1.02
均值	1.012	1.098	0.999	1.013	1.099

表 7-5　广西各市各时间段旅游全要素生产率

城市	2006~2007 年	2007~2008 年	2008~2009 年	2009~2010 年	2010~2011 年	2011~2012 年	2012~2013 年	2013~2014 年	2014~2015 年	2015~2016 年	均值
南宁市	1.054	1.001	1.016	1.113	1.124	1.123	1.201	1.202	1.057	1.119	1.099
柳州市	1.663	0.636	1.248	1.128	1.214	1.073	1.222	1.159	1.104	1.199	1.138

续表

城市	2006~2007年	2007~2008年	2008~2009年	2009~2010年	2010~2011年	2011~2012年	2012~2013年	2013~2014年	2014~2015年	2015~2016年	均值
桂林市	1.009	0.909	0.926	1.047	1.034	1.027	1.178	1.007	0.967	1.198	1.026
梧州市	0.543	0.784	1.177	1.288	1.013	0.914	1.09	1.034	1.155	0.9	0.965
北海市	1.037	0.748	0.96	1.08	0.963	1.083	1.3	1.038	1.046	1.158	1.032
防城港市	1.096	0.892	1.207	1.284	1.071	1.124	1.316	1.193	1.163	1.185	1.147
钦州市	1.257	1.177	1.073	1.253	1.205	1.149	1.231	1.029	1.146	1.392	1.187
贵港市	0.929	1.248	1.394	1.39	1	1.088	1.304	1.442	0.643	1.275	1.142
玉林市	1.159	0.761	1.106	1.346	1.207	1.113	1.16	1.146	1.148	1.407	1.143
百色市	1.044	1.213	1.314	1.331	1.319	1.116	1.215	1.363	1.149	1.178	1.22
贺州市	0.606	0.522	3.049	1.268	1.382	1.109	1.275	1.192	0.986	1.263	1.135
河池市	0.74	1.372	0.939	1.029	1.115	2.006	1.054	1.114	1.104	1.341	1.143
来宾市	1.13	0.494	1.29	1.095	1.606	1.049	1.376	1.261	1.373	1.684	1.182
崇左市	1.044	0.994	1.139	1.153	1.204	0.882	1.155	1.051	0.688	1.006	1.02
均值	0.985	0.871	1.211	1.195	1.164	1.112	1.217	1.153	1.033	1.223	1.11

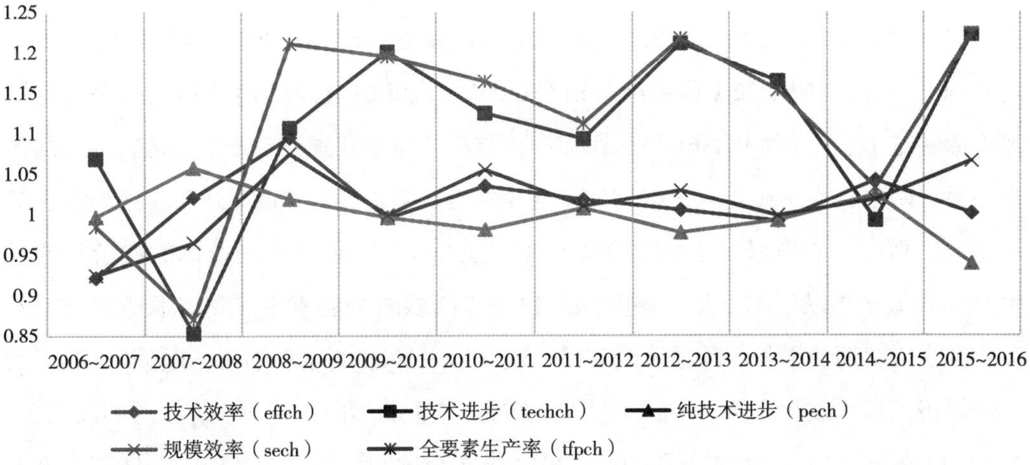

图 7–3　2006~2016 年广西旅游产业全要素生产率及其分解效率的变化情况

表 7–4 显示的是广西各市 2006~2016 年的旅游产业全要素生产率及其分解效率的均值。可以看到，除南宁、桂林、梧州、北海和崇左五市的旅游全要素生产率均值未超过全区平均水平，其余 9 市均高于 1.099。

此外，在未超过全区平均水平的五市中，南宁、桂林、北海和崇左也均高于 1 以上的水平。也就是说，只有梧州市的全要素生产率是负增长。从梧州市旅游全要素生产率的分解效率来看，其规模效率是稳定的，既不存在增长也不存在衰退，但其技术效率、技术进步和纯技术进步都出现负增长，导致其全要素生产率的负增长。在增长的地区中，百色的增长幅度是最大的，其全要素生产率增长了 22%，在其全要素生产率的分解效率中，技术进步的增长幅度最大，超过 20%，其他分解效率的增长幅度则较小，甚至其纯技术进步出现衰退。同样的，在全要素生产率增长幅度较高（超过 10%）的城市中，尽管柳州、钦州、玉林、贺州的技术效率、纯技术进步和规模效率增长幅度较低，甚至出现衰退现象，但均因其技术进步增长幅度大而使其获得较高的全要素生产率。通过对广西各市 10 年间的旅游产业全要素生产率均值及其分解效率均值进行分析，再一次揭示了广西各市全要素生产率的进步主要依赖于技术进步的增长。

表 7–5 显示的是广西各市各年旅游全要素生产率。从表 7–5 中可以看到，2006~2016 年广西旅游产业全要素生产率均值为 1.11，共 9 个市达到该水平，占总体 64%；低于平均水平共 5 个市，占总体的 36%。其中，旅游产业全要素效率均值最高的是百色市，为 1.22；效率均值低于 1 的只有梧州市为 0.965，与平均值 1.11 相差 0.145，与最高值 1.22（百色市）相差 0.255。也就是说，有 13 个市的曼奎斯特指数均值超过 1，占总体 92.86%。这表明广西旅游产业全要素生产效率普遍较高。从各市来看，南宁、钦州和百色 3 市的旅游全要素生产率始终为 1 以上水平，维持着正增长状态。柳州、防城港、玉林和来宾市 4 市在 2007~2008 年时间段内的旅游全要素生产率均低于 1 以下的水平，该时间段也是广西旅游全要素生产率衰退最严重的阶段，共 9 市呈现负增长。除去该时间段，这 4 市在其他时间段内均为正增长。剩下的其他城市则基本上存在着 3 个时间段为负增长，7 个时间段为正增长。从时间段上看，2009~2010 年、2012~2013 年和 2013~2014 年 3 个时间段内广西各市的全要素生产率

均为正增长；2007~2008 年则表现最差，只有南宁、钦州、贵港、百色和河池 5 个城市为正增长，剩余城市均为负增长。

7.5　广西旅游产业效率发展类型

为进一步对广西各市的旅游产业效率变化情况进行分析，以随机前沿面效率值 1 作为总效率临界值，以 1 作为曼奎斯特指数的临界值在直角坐标系划线，得到 9 个散点图。通过对散点图的整理，将整个坐标系中的点分为 6 种类型。

（Ⅰ）处于效率前沿面（等于 1）且全要素生产率呈正增长（大于 1）；（Ⅱ）处于效率前沿面（等于 1）且全要素生产率无变化（等于 1）；（Ⅲ）处于效率前沿面（等于 1），但全要素生产率呈负增长（小于 1）；（Ⅳ）总效率无效（小于 1），但全要素生产率呈正增长（大于 1）；（Ⅴ）总效率无效（小于 1）且全要素生产率无变化（等于 1）；（Ⅵ）总效率无效（小于 1）且全要素生产率呈负增长（小于 1）。

根据前面的分类进行整理最终得到表 7–6。在表 7–6 中，第Ⅰ类共出现 45 次，第Ⅱ类共出现 0 次，第Ⅲ类共出现 10 次，第Ⅳ类共出现 71 次，第Ⅴ类共出现 1 次，第Ⅵ类共出现 13 次。可以看到，第Ⅳ类出现的总次数最多，占总体数量的 50.71%，达到一半以上水平；其次为第Ⅰ类，占总体数量的 32.14%；再次为第Ⅵ类和第Ⅲ类，分别占到总体数量的 9.29% 和 7.14%。由于第Ⅱ类和第Ⅴ类出现的情况较为特殊，因此出现的概率也较低，在后面不做详细的讨论。从图中可以看到，2007~2008 年是整体表现最差的时间段，第Ⅰ类散点最少（1 个），第Ⅵ类散点最多（5 个）的时间段；相反，2012~2013 年是整体表现最好的时间段，第Ⅰ类散点最多（7 个），第Ⅵ类散点最少（0 个）的时间段。从各类散点的走势来看，第Ⅰ类散点数量波动幅度较大，2007~2008 年跌至最低值（1 个），随后便一路增长直到 2012~2013 年（7 个），但紧接着又开始锐减到 3 个，观测期结束时又激增到 6 个。第Ⅲ类散点则与第Ⅰ类的变化基本相反，第Ⅰ类衰减则第Ⅲ类增长，第Ⅰ类增长则第Ⅲ类衰减。第Ⅳ类则是各时间段内出现频率最高的散点，基本上维持在 7~8 上下的水平。第Ⅵ类则是在观测前期分布较高，但到观测后期明显减少。

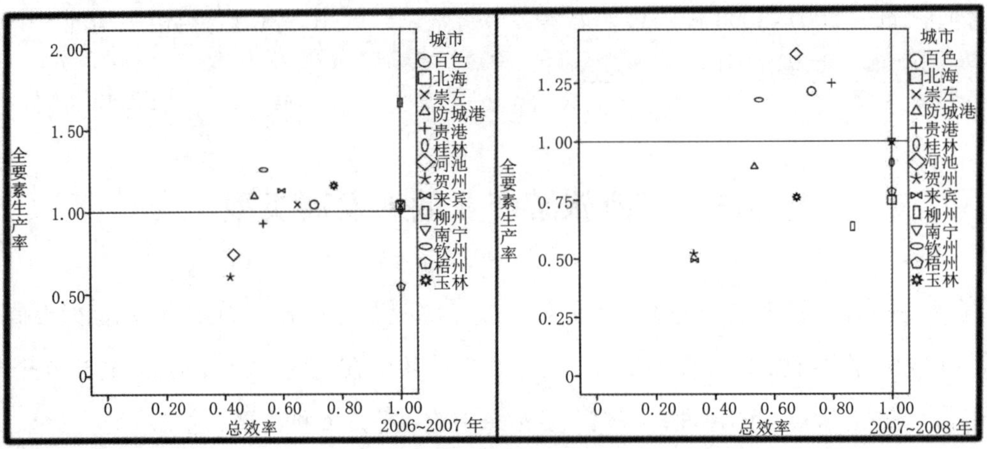
全要素生产率
总效率
2006~2007 年
2007~2008 年
城市
百色
北海
崇左
防城港
贵港
桂林
河池
贺州
来宾
柳州
南宁
钦州
梧州
玉林

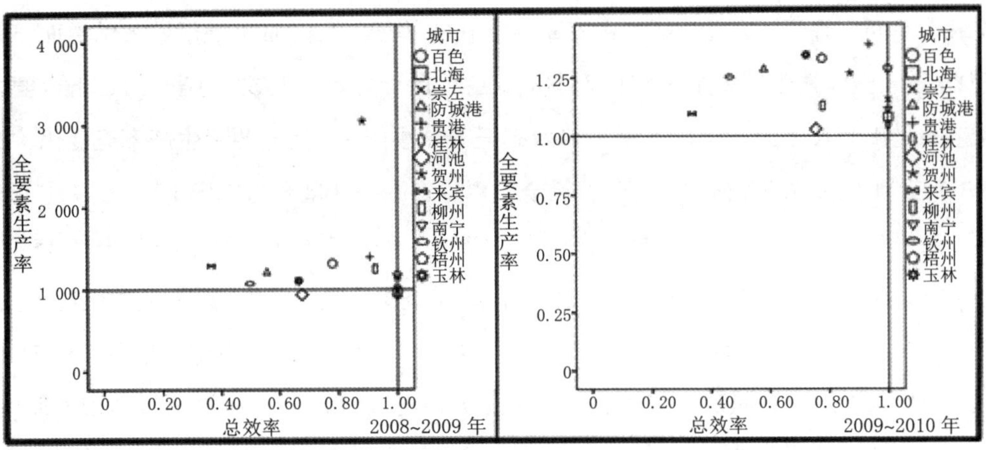
全要素生产率
总效率
2008~2009 年
2009~2010 年
城市
百色
北海
崇左
防城港
贵港
桂林
河池
贺州
来宾
柳州
南宁
钦州
梧州
玉林

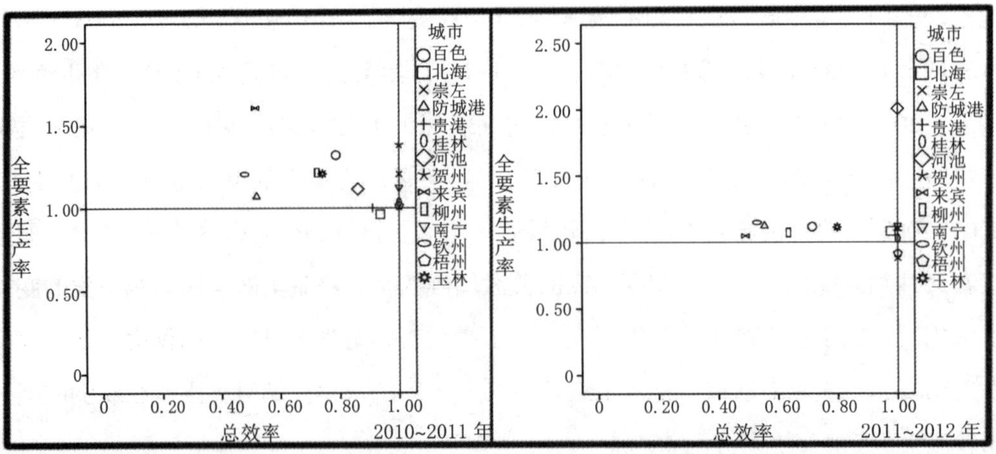
全要素生产率
总效率
2010~2011 年
2011~2012 年
城市
百色
北海
崇左
防城港
贵港
桂林
河池
贺州
来宾
柳州
南宁
钦州
梧州
玉林

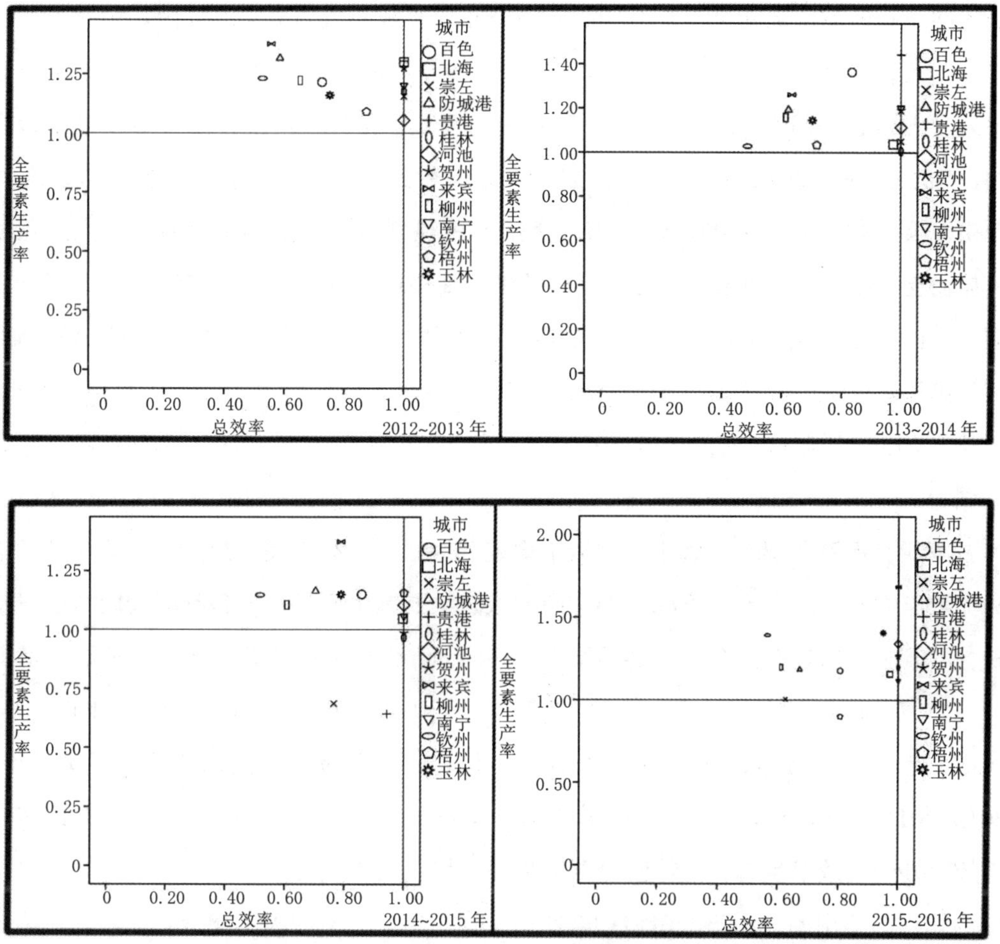

图 7–4　2006~2016 年广西各市旅游产业效率所属散点类型图

此外，通过对这 6 种类型在各市各阶段的分解，广西各市旅游产业效率呈现如下特征，如表 7–6 和图 7–5 所示。

第一，南宁市在观测期始终属于第 I 类散点，即其旅游总效率始终保持在有效前沿面，并且旅游全要素生产率也始终呈正增长状态。南宁市代表了整个广西地区旅游产业效率最为优异的地区。

第二，桂林市除了 2007~2008 年、2008~2009 年和 2014~2015 年为第Ⅲ类散点，即旅游总效率处于前沿面，但旅游全要素生产率呈负增长，其他时间段内均属于第 I 类散点，即旅游总效率始终保持在有效前沿面，并且旅游全要素生产率也始终呈正增长状态。桂林市是除南宁市外，广西旅游产业效率表现最为优异的地区。

第三，河池市在 2006~2007 年和 2008~2009 年属于第Ⅵ类散点，即其旅游总效率处于无效状态且其旅游全要素生产率呈负增长，但随后其旅游全要素生产率转变为正增长，并于 2011~2012 年旅游总效率达到生产前沿面，成为第Ⅰ类散点。与河池市发展态势基本一致的是贺州市。贺州市在观测前期也是属于第Ⅵ类散点，随后其旅游全要素生产率扭转为正增长，最终到 2010~2011 年成功转变为第Ⅰ类散点。唯一不同的是，到 2014~2015 年其旅游总效率再次失效，即未达到生产前沿面而回落到第Ⅳ类散点，但随后又再次提高了旅游总效率，成为第Ⅰ类散点。从整体上看，贺州市与河池市可以划分为同一类型，为广西市旅游产业效率发展态势赶超良好区域。

第四，贵港和崇左市属于发展极不稳定的地区，在第Ⅰ类、第Ⅲ类、第Ⅳ类和第Ⅵ类散点中不定向变动。贵港和崇左市的旅游全要素生产率在大多数时间段内呈正增长，尽管旅游总效率值在前期落后于生产前沿面，但到后期逐渐达到生产前沿面上。

第五，柳州、钦州、百色、防城港、玉林和来宾六市，则除了 2006~2007 年柳州市属于第Ⅰ类散点；2007~2008 年柳州、防城港、玉林和来宾市属于第Ⅵ类散点；2015~2016 年来宾市属于第Ⅰ类散点，其余时间段内各市均属于第Ⅳ类散点，即旅游总效率处于无效率状态，但旅游全要素生产率呈正增长状态。

第六，梧州和北海市与贵港和崇左市一样，也属于发展极不稳定的地区，在第Ⅰ类、第Ⅲ类、第Ⅳ类和第Ⅵ类散点中不定向变动，旅游全要素生产率在大多数时间段内也呈正增长态势。但与贵港和崇左市不同的是，梧州和北海市的旅游总效率值在前期较高，达到生产前沿面上，但到后期旅游总效率落后于生产前沿面。

通过上文对广西各市旅游产业效率运动特征的分析，可以将广西各市的旅游产业效率发展状况进行梯状排列，位于第一阶梯的为南宁市，为广西旅游产业效率发展的龙头区域；第二阶梯为桂林市，为发展优秀区域；第三阶梯为河池与贺州市，为发展赶超区域；第四阶梯为贵港和崇左市，为发展缓慢增长区域；第五阶梯为柳州、钦州、百色、防城港、玉林和来宾市，为发展落后区域；第六阶梯为梧州和北海市，为发展严重衰退区域。

表 7-6　2006~2016 年广西各市旅游产业效率所属散点类型汇总表

城市	2006~2007 年	2007~2008 年	2008~2009 年	2009~2010 年	2010~2011 年	2011~2012 年	2012~2013 年	2013~2014 年	2014~2015 年	2015~2016 年
南宁市	Ⅰ	Ⅰ	Ⅰ	Ⅰ	Ⅰ	Ⅰ	Ⅰ	Ⅰ	Ⅰ	Ⅰ
柳州市	Ⅰ	Ⅵ	Ⅳ	Ⅳ	Ⅳ	Ⅳ	Ⅳ	Ⅳ	Ⅳ	Ⅳ
桂林市	Ⅰ	Ⅲ	Ⅲ	Ⅰ	Ⅰ	Ⅰ	Ⅰ	Ⅰ	Ⅲ	Ⅰ
梧州市	Ⅲ	Ⅲ	Ⅰ	Ⅰ	Ⅰ	Ⅲ	Ⅳ	Ⅳ	Ⅰ	Ⅵ
北海市	Ⅰ	Ⅲ	Ⅲ	Ⅰ	Ⅵ	Ⅳ	Ⅰ	Ⅳ	Ⅳ	Ⅳ
防城港市	Ⅳ	Ⅵ	Ⅳ	Ⅳ	Ⅳ	Ⅳ	Ⅳ	Ⅳ	Ⅳ	Ⅳ
钦州市	Ⅳ	Ⅳ	Ⅳ	Ⅳ	Ⅳ	Ⅳ	Ⅳ	Ⅳ	Ⅳ	Ⅳ
贵港市	Ⅵ	Ⅳ	Ⅳ	Ⅳ	Ⅴ	Ⅰ	Ⅰ	Ⅰ	Ⅵ	Ⅰ
玉林市	Ⅳ	Ⅵ	Ⅳ	Ⅳ	Ⅳ	Ⅳ	Ⅳ	Ⅳ	Ⅳ	Ⅳ
百色市	Ⅳ	Ⅳ	Ⅳ	Ⅳ	Ⅳ	Ⅳ	Ⅳ	Ⅳ	Ⅳ	Ⅳ
贺州市	Ⅵ	Ⅵ	Ⅳ	Ⅳ	Ⅰ	Ⅰ	Ⅰ	Ⅰ	Ⅳ	Ⅰ
河池市	Ⅵ	Ⅳ	Ⅵ	Ⅳ	Ⅳ	Ⅰ	Ⅰ	Ⅰ	Ⅰ	Ⅰ
来宾市	Ⅳ	Ⅵ	Ⅳ	Ⅳ	Ⅳ	Ⅳ	Ⅳ	Ⅳ	Ⅳ	Ⅰ
崇左市	Ⅳ	Ⅲ	Ⅰ	Ⅰ	Ⅰ	Ⅲ	Ⅰ	Ⅰ	Ⅵ	Ⅳ

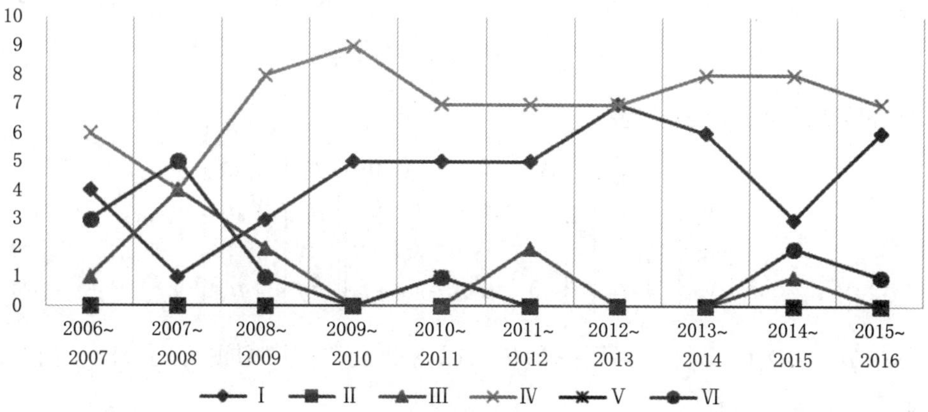

图 7-5　2006~2016 年广西各市各类旅游产业效率类型散点数量变化图

第 8 章　广西旅游产业效率影响因素研究

8.1　研究方法

本章主要利用面板数据模型进行估计。面板数据（Panel Data）又称平行数据，是指在一段时间内同一组个体数据的变化情况，即由横截面维度（n 个个体）和时间维度（T 个时期）共同构成。

在本章的研究中，由于研究数据为面板数据，进而选择面板数据模型来进行分析。面板数据模型的基本模型如公式（8–1）所示。

$$Y_{it} = \alpha_{it} + X_{it}^{'}\beta_i + u_{it} \qquad (8\text{–}1)$$

其中，Y_{it} 为因变量，$X_{it}^{'}$ 为自变量，β_i 为待估参数，α_{it} 为面板数据模型在时间截面上的共同均值项，u_{it} 为误差项；i=1,2，…，N，表示面板数据模型中各截面个体数；t=1,2，…，T，表示时间序列的长度。

若将公式看作有 T 个观测值互相堆积而成，则其堆积方程如公式（8–2）所示。

$$Y = \alpha + X\beta + \mu \qquad (8\text{–}2)$$

其分块矩阵形式可表示为：

$$\begin{bmatrix} y_1 \\ y_2 \\ \vdots \\ y_N \end{bmatrix} = \begin{bmatrix} \alpha_1 \\ \alpha_2 \\ \vdots \\ \alpha_N \end{bmatrix} + \begin{bmatrix} X_1 & 0 & \cdots & 0 \\ 0 & X_2 & \cdots & 0 \\ \cdots & \cdots & \ddots & \cdots \\ 0 & 0 & \cdots & X_N \end{bmatrix} \begin{bmatrix} \beta_1 \\ \beta_2 \\ \vdots \\ \beta_N \end{bmatrix} + \begin{bmatrix} \mu_1 \\ \mu_2 \\ \vdots \\ \mu_N \end{bmatrix}$$

其中 $\mu_i \sim IID\left(0,\ \sigma_{\mu}^{2}\right)$。当根据参数对以上面板数据模型进行划分时，可分为 3 种情形：

第一种：假设 $\alpha_i = \alpha_j$，$\beta_i = \beta_j$，则表明各截面上不存在个体影响与结构变化，可将多时期的截面数据放在一起作为样本数据，直接采用普通最小二乘法估计就可以得出 α 和 β 的有效估计值，这时的面板数据模型称为混合回归模型。

第二种：假设 $\alpha_i \neq \alpha_j$，$\beta_i = \beta_j$，则表明各截面上存在个体影响差异，这时的面板数据模型称为变截距模型。

第三种：假设 $\alpha_i \neq \alpha_j$，$\beta_i \neq \beta_j$，则表明各截面上不仅存在个体影响差异，还存在变化的经济结构，这时的面板数据模型称为变系数模型。

对于在实证研究中最终确定选用以上 3 种类型的面板数据模型的问题，Scheffé（1959）和 Searle（1971）给出了详尽的解决方法。但由于在本章的研究中，最后确定进行分析的解释变量为 9 个，而横截面数据只有 14<9*2 个，不适合选用变系数模型，因此，下文主要在混合模型与变截距模型之间进行选择。

8.2　指标体系与数据来源

本文在参照现有文献的基础上，以广西 14 个地级市的旅游产业总效率和旅游全要素生产率的变化情况为研究对象，结合自治区实际情况，在确保数据的真实性、权威性、可获取性的条件下，主要从当地消费水平、社会环境、旅游产业地位、旅游竞争力、交通状况和居民生活意识形态水平 6 个方面选取了 9 个解释变量来解释影响 2006~2016 年广西旅游产业总效率和旅游全要素生产率变化的原因。其中，消费水平主要考察了当地该年的国民生产总值及城镇居民恩格尔系数；社会环境主要考察了当地的人口密度及反映当地社会经济稳定性的全社会固定资产投资额；旅游产业地位主要考察了当地的旅游区位熵；旅游竞争力主要从市场的角度考察了当地旅游资源的吸引力和旅游市场份额大小；交通状况主要考察了当地的公路密度；意识形态主要考察了当地对教育的投入力度情况。

在对各指标数据处理上，城镇居民恩格尔系数等于各市当年城镇居民食品烟酒支出与城镇居民人均生活消费性支出的比值。人口密度等于各市当年年末总人数与该市的行政面积，单位为人每平方千米。旅游区位熵（L_{it}）指的是第 i 个城市第 t 年的旅游产业收入（ INC_{it} ）与国民经济总量（ GDP_{it} ）的比值与同年整个广西地区的旅游产业收入（ $TINC_t$ ）与整个广西国民经济总量（ $TGDP_t$ ）的比值的比，反映的是某市旅游产业在整个广西所处的专业化程度。其具体的计算公式（8-3）如下。

$$L_{it}=\frac{INC_{it}/GDP_{it}}{TINC_t/TGDP_t} \tag{8-3}$$

其中 $i=1,2,\cdots,N$ 为该城市编号数； $t=1,2,\cdots,T$ 为时期数。从公式（8-3）可以推断，当旅游区位熵的值大于 1 时，该市的旅游业专业化程度高，竞争优势明显；反之，若值小于 1 时，则说明该市旅游业专业化程度低，不具备竞争优势。旅游资源吸引力得分为各市当年旅游资源禀赋分值与广西总旅游资源禀赋分值的比值。旅游市场份额为各市当年旅游总收入与广西旅游总收入的比值。公路密度为各市当年的公路里程数与行政面积的比值。

其他数据若无特殊说明，均直接来自 2006~2017 年的《广西统计年鉴》。广西旅游产业效率影响因素指标如表 8-1 所示。

表 8-1　广西旅游产业效率影响因素指标

一级指标		二级指标	
1	消费水平	E1	GDP（亿元）
		E2	城镇居民恩格尔系数
2	社会环境	E3	人口密度（人每平方千米）
		E4	全社会固定资产投资（亿元）
3	产业地位	E5	旅游区位熵
4	旅游竞争力	E6	旅游资源吸引力 = 旅游资源禀赋得分 / 总旅游资源禀赋得分
		E7	旅游市场份额 = 旅游总收入 / 总旅游总收入
5	交通状况	E8	公路密度 = 公路里程（千米）/ 百平方千米
6	意识形态	E9	教育支出（亿元）

8.3　旅游总效率影响因素

8.3.1　单位根检验

面板数据模型建立在平稳的数据基础之上。因此，在对面板数据进行估计之前，为避免出现伪回归现象，需要先对各序列数据进行平稳性检验。目前，对面板数据的单位根检验主要有两种检验方法：一种是假设在各截面序列具有相同单位根过程的假设；另一种是假设所有的截面成员序列都有各自的单位根。对于前一种情况而言，通常采用 LLC 检验、Breitung 检验及 Hadri 检验；对后一种情况而言，通常采用 IPS 检验、Fisher-ADF 检验和 Fisher-PP 检验。由于在公式（8-1）中，所有数据都不小于 0，而对原始数据对数化之后不会改变数据的性质和关系，并且对数化之后的数据更能消除异方差的问题，因此，在进行单位根检验前，先对各序列数据进行对数化处理。最后采用 LLC 检验、IPS 检验、Fisher-ADF 检验和 Fisher-PP 检验 4 种方法来对上述数据进行平稳性检验，最终结果如表 8-2 所示。

表 8-2　旅游总效率影响因素数据的单位根检验结果

检验序列	检验方法	LLC	IPS	Fisher-ADF	Fisher-PP
TE	检验统计量	-4.2534	-1.0778	33.3500	26.9032
	概率值 P	0.0000***	0.1406	0.0969*	0.3090
DTE	检验统计量	-7.2321	-4.6157	70.6868	96.0664
	概率值 P	0.0000***	0.0000***	0.0000***	0.0000***
E1	检验统计量	2.1991	6.2953	2.8404	4.0739
	概率值 P	0.9861	1.0000	1.0000	1.0000
DE1	检验统计量	-8.1836	-4.1001	67.4305	78.0238
	概率值 P	0.0000***	0.0000***	0.0000***	0.0000***

续表

检验序列	检验方法	LLC	IPS	Fisher-ADF	Fisher-PP
E2	检验统计量	-4.6933	-1.6314	43.3712	34.9549
	概率值 P	0.0000***	0.0514*	0.0320**	0.1712
DE2	检验统计量	-17.6157	-9.0759	122.8720	114.1950
	概率值 P	0.0000***	0.0000***	0.0000***	0.0000***
E3	检验统计量	4.3589	0.4978	30.9139	27.2636
	概率值 P	1.0000	0.6907	0.3209	0.5039
DE3	检验统计量	-2.1478	-2.2843	55.3099	74.8106
	概率值 P	0.0159**	0.0112**	0.0016***	0.0000***
E4	检验统计量	2.0796	5.4633	6.2577	5.0370
	概率值 P	0.9812	1.0000	1.0000	1.0000
DE4	检验统计量	-7.8274	-3.1512	56.6704	71.1111
	概率值 P	0.0000***	0.0008***	0.0011***	0.0000***
E5	检验统计量	-2.9775	1.3657	23.3206	18.3668
	概率值 P	0.0015***	0.9140	0.7168	0.9165
DE5	检验统计量	-10.6093	-6.3369	93.0772	113.2290
	概率值 P	0.0000***	0.0000***	0.0000***	0.0000***
D6	检验统计量	-2.3215	-0.6032	34.4544	38.8798
	概率值 P	0.0101**	0.2732	0.1240	0.0501*
DE6	检验统计量	-9.2290	-5.1894	84.2707	110.9570
	概率值 P	0.0000***	0.0000***	0.0000***	0.0000***
E7	检验统计量	-6.2594	-2.1080	39.5399	44.6529
	概率值 P	0.0000***	0.0175**	0.0122**	0.0029***
E8	检验统计量	-4.0609	-1.4557	47.1416	96.3247
	概率值 P	0.0000***	0.0727*	0.0132**	0.0000***

续表

检验序列	检验方法	LLC	IPS	Fisher-ADF	Fisher-PP
E9	检验统计量	1.7167	5.4109	4.2743	2.8215
	概率值 P	0.9570	1.0000	1.0000	1.0000
DE9	检验统计量	−21.3202	−10.0176	128.7810	143.7950
	概率值 P	0.0000***	0.0000***	0.0000***	0.0000***

注：* 表示在显著性水平 10% 下拒绝原假设；** 表示在显著性水平 5% 下拒绝原假设；*** 表示在显著性水平 1% 下拒绝原假设。

从表 8-2 中可以看到，对原始序列进行检验，除了 E7 序列在显著性水平 5% 下为平稳序列及 E8 序列在显著性水平 10% 下为平稳序列，其他序列均不平稳。为此，需进一步对不平稳序列的一阶差分进行单位根检验，结果如表中所示。序列 TE、E1、E2、E4、E5、E6 和 E9 的一阶差分序列均表现为显著性水平 1% 以下为平稳序列；序列 E3 的一阶差分序列表现为显著性水平 5% 下为平稳序列。因此，面板数据序列 E7、E8 不仅拒绝了“各截面序列具有相同单位根过程”的原假设，同时拒绝了“各截面成员序列无单位根”的原假设，即面板数据序列 E7、E8 均为平稳序列，无单位根，满足了对面板数据模型进行协整检验的前提条件；面板数据序列 TE、E1、E2、E4、E5、E6 和 E9 的一阶差分序列也同时拒绝“各截面序列具有相同单位根过程”和“各截面成员序列无单位根”的原假设，即面板数据序列 TE、E1、E2、E4、E5、E6 和 E9 的一阶差分序列为平稳序列，无单位根，满足了对面板数据模型进行协整检验的前提条件。

8.3.2 面板数据模型的设定

当面板模型的各序列数据皆为平稳数据时，根据对截距向量和解释变量参数的不同限制，通常将面板数据模型分为混合回归模型（不变系数模型）、变截距模型和变系数模型三大类。因此，在对面板数据模型进行估计前，还需对所建模型的形式进行检验。由于在本章节的实证研究中选取的影响因素有 9 项，已超过各截面单元数（14）的一半，已不适合采用变系数模型来进行估计，因此，本小节主要讨论采取“用混合回归模型还是变截距模型”；若最终采用变截距模型，则选用“随机效应变截距模型还是固定效应变截距模型”这两个问题。因此，首先利用 F 统计量来检验第一个问题。

设定原假设与备择假设为：

H0：在面板数据模型 $y_{it}=\alpha_i+X_{it}^{'}\beta+u_{it}$ 公式（8–1）中，$\alpha_i=\alpha_j$。即在本研究中，面板数据模型的不同个体截距是相同的，模型实质上为混合回归模型。

H1：在面板数据模型公式中，$\alpha_i\neq\alpha_j$。即面板数据模型的不同个体截距是不同的，模型实质上为变截距模型。

F 统计量定义为公式（8–4）所示。

$$F=\frac{(S_1-S_2)/\left[(NT-K-1)-(NT-N-K)\right]}{S_2/(NT-N-K)}=\frac{(S_1-S_2)/(N-1)}{S_2/(NT-N-K)} \tag{8-4}$$

其中，N 指的是各截面上截面个体的数量，在本实证研究中 N=14；T 指的是时期数，在本实证研究中 T=11；K 指的是解释变量的个数，在本实证研究中 K=9。S_1、S_2 分别指的是混合回归模型和变截距模型的残差平方和。通过 Eviews 8.0 软件对上述 S_1、S_2 的计算，最终得到 $S_1=3.311917$; $S_2=2.127145$。所以，在本实证研究中 F 统计量实际上为：

$$F=\frac{(S_1-S_2)/(N-1)}{S_2/(NT-N-K)}=\frac{(3.311917-2.127145)/(14-1)}{2.127145/(14\times11-14-9)}=5.65546$$

当计算出统计量 F 后，需要与 $F_\theta\left[(N-1),(NT-N-K),p\right]$ 进行比较。本研究选取置信水平为 5%，即 $F_\theta\left[(N-1),(NT-N-K),p\right]=F_{0.05}(13,132)=1.79498$。也就是说，在本研究中，计算的统计量 F 的值大于设定的 5% 的显著性水平的临界值，即拒绝原假设，变截距模型更加合适。

在得到第一个问题的答案后，继续对第二个问题进行检验，即该变截距模型应选择“随机效应变截距模型还是固定效应变截距模型”。为此，再次利用 Eviews 8.0 软件中的豪斯曼检验工具对随机效应进行检验，该检验工具的原假设为：选用随机效应模型更为合适。最终检验结果如表 8–3 所示，其分为 3 个部分，第一个部分给出了检验统计量及概率值，可以看到检验统计量为 7.201145，概率值为 0.6162，因此不能拒绝检验原假设，即选择随机效应变截距模型更为合适。第二部分给出了在固定效应模型和随机效应模型中，各解释变量的系数估计值的比较结果，可以看到各解释变量的系数估计值相当接近，如对各解释变量进行对数处理后，解释变量 E1 在固定效应和随机效应模型中的系数估计值分别为 0.223292 和 0.213015，它们的方差为 0.001778，概率值 P 为 0.8074，表明利用固定效应模型和随机效应模型进行估计所得到的系数估计值在本实证研究中尽管存在差异，但差异性不大。第三个部分则给出了固定效应变截距模型的估计结果，可以看到，调整后模型的拟合度 R2 为 0.8012，表明固定效应变截距模型的拟合度较高；经对数化运算后的解释变量 E1、E2、E4、E5、E6 和 E7 均通过了显著性水平 5% 的检验，E3、E8 和 E9 未通过显著性水平 5% 的检验，表明最终影响因变量的解释变量共有 6 个。

此外，应用随机效应变截距模型计算出来的结果显示在附表中。可以看到，在计算出来的结果中，尽管拟合度有所下降，但仍在 0.6 以上的水平，因此，所得结果仍然具有一定的说服力。经对数化运算后的解释变量 E1、E2、E4、E5、E6 和 E7 均通过了显著性水平 5% 的检验，E3、E8 和 E9 均未通过显著性水平 5% 的检验，最终影响因变量的解释变量共有 6 个。这一结论与利用固定效应变截距模型算出的结果相一致。这是因为尽管豪斯曼检验结果不能拒绝原假设，但本实证研究中的概率值达到 0.6162，说明尽管随机效应与固定效应存在差异，但差异不大。在实际的计算中，随机效应相对固定效应更加接近现实情况。最终，在本实证研究中确定选择的模型为随机效应变截距模型。

表 8-3 旅游总效率影响因素模型的豪斯曼检验结果

Test Summary		Chi-Sq. Statistic	Chi-Sq. d.f.	Prob.
Cross-section random		7.201145	9	0.6162
Cross-section random effects test comparisons:				
Variable	Fixed	Random	Var(Diff.)	Prob.
LOG(E1)	0.223292	0.213015	0.001778	0.8074
LOG(E2)	-0.37421	-0.40101	0.001295	0.4565
LOG(E3)	0.009164	0.014198	0.000817	0.8602
LOG(E4)	-0.16858	-0.16867	0.000725	0.9973

续表

Cross-section random effects test comparisons:				
LOG(E5)	0.535201	0.54244	0.002239	0.8784
LOG(E6)	-0.12751	-0.16749	0.00041	0.0484
LOG(E7)	0.276437	0.217924	0.001798	0.1677
LOG(E8)	0.029547	0.033732	0.000327	0.817
LOG(E9)	-0.00512	0.007633	0.000053	0.0792
Variable	Coefficient	Std. Error	t-Statistic	Prob.
C	-0.64738	0.518727	-1.24801	0.2143
LOG(E1)	0.223292	0.098818	2.25962	0.0255
LOG(E2)	-0.37421	0.133018	-2.81324	0.0057
LOG(E3)	0.009164	0.045082	0.203275	0.8392
LOG(E4)	-0.16858	0.061839	-2.72604	0.0073
LOG(E5)	0.535201	0.08187	6.537184	0.0000
LOG(E6)	-0.12751	0.040999	-3.11008	0.0023
LOG(E7)	0.276437	0.067346	4.104752	0.0001
LOG(E8)	0.029547	0.050804	0.581588	0.5618
LOG(E9)	-0.00512	0.028577	-0.17932	0.8580
Effects Specification				
Cross-section fixed (dummy variables)				
R-squared	0.829797	Mean dependent var	-0.25026	
Adjusted R-squared	0.801213	S.D. dependent var	0.285804	
S.E. of regression	0.127427	Akaike info criterion	-1.14559	
Sum squared resid	2.127145	Schwarz criterion	-0.69202	
Log likelihood	111.2107	Hannan-Quinn criter.	-0.96135	
F-statistic	29.03035	Durbin-Watson stat	1.174513	
Prob(F-statistic)	0.000000			

8.3.3　模型的估计结果

通过前面对面板数据模型的单位根检验及模型设定的选择，最终确定了影响广西各市旅游产业总效率的面板数据模型的具体表达如公式（8–5）所示。

$$\ln TE_{it} = -0.975659 + 0.213015\ln E1_{it} - 0.401009\ln E2_{it} - 0.168668\ln E4_{it} + 0.54244\ln E5_{it} - 0.16749\ln E6_{it} + 0.217924\ln E7_{it} + \varepsilon_{it} \tag{8-5}$$

$$i=1,\cdots,N;t=1,\cdots,T$$

式中: i 为广西各市的编号数；t 为年度数；ε 为随机误差项。

从考察模型的结果来看，国民生产总值 GDP、城镇居民恩格尔系数、全社会固定资产投资额、旅游区位熵、旅游资源吸引力和旅游市场份额对广西各市旅游产业总效率的影响效果明显；人口密度、公路密度和教育支出对广西各市旅游产业总效率的影响效果不显著。此外，将影响效果显著的各解释变量系数相加后的值为 0.236212，说明这些影响因素与广西旅游产业总效率的关系在整体上呈正相关。

第一，国民生产总值的回归系数为 0.213015，通过了显著性水平为 5% 的假设检验，表明其与广西各市旅游产业效率的关系为正相关，即广西各市国民生产总值越大，旅游产业总效率值越大。当国民生产总值每上升一个百分点时，旅游产业效率值增长 21.30%。

第二，城镇居民恩格尔系数的回归系数为 –0.401009，并且通过了显著性水平为 1% 的假设性检验，表明其与广西各市旅游产业效率的关系为负相关，即广西各市城镇居民恩格尔系数越大，旅游产业效率值越小。当城镇居民恩格尔系数每上升一个百分点，旅游产业效率值下降 40.10%。这个结论与现实是相符合的，恩格尔系数越高，说明当地居民生活水平质量越低，日常的开支以解决温饱问题为主，对旅游这类追求高层次精神需求的文化产品消耗能力不高。

第三，全社会固定资产投资额的回归系数为 –0.168668，通过了显著性水平为 1% 的假设检验，表明其与广西各市旅游产业效率的关系为负相关，即广西各市全社会固定资产投资额越大，旅游产业总效率值越小。当全社会固定资产投资额每上升一个百分点时，旅游产业效率值减少 16.87%。这一结果与预期结果正好相反，说明尽管投资是促进经济增长的重要手段，但并非全社会固定资产投资额越大的地方其旅游产业总效率值越大，广西各市全社会资产投资额在资源配置结构上存在着不合理的情况。

第四，旅游区位熵的回归系数为 0.54244，并且通过了显著性水平为 1% 的假设性检验，表明其与广西各市旅游产业效率之间为正相关，即旅游区位熵系数越大，旅游产业效率值越大。当旅游区位熵系数每上升一个百分点，旅游产业效率值增长 54.24%。旅游区位熵越大，说明该地旅游产业活动越频繁，旅游产业在当地的经济活动中的影响力越大，当地参与旅游活动的主体越多，旅游业在当地会越受重视，当地政府的政策也会出现一定的偏向性来刺激、促进当地旅游产业的进一步发展。

第五，旅游资源吸引力的回归系数为 -0.16749，并且通过了显著性水平为 1% 的假设性检验，表明其与广西各市旅游产业效率的关系为负相关，即广西各市旅游资源吸引力越大，旅游产业效率值越小。当旅游资源吸引力每上升一个百分点，旅游产业效率值下降 16.75%。这一结果也与预期结果相反，说明并非旅游资源越丰富的地方其旅游产业总效率值越大。存在着某些地方旅游资源较为丰富，但对外营销能力较差，吸引而来的游客数量不如其他旅游资源相对匮乏的地区，导致其旅游产业总效率较低的状况。

第六，旅游市场份额的回归系数为 0.217924，并且通过了显著性水平为 1% 的假设性检验，表明其与广西各市旅游产业效率之间为正相关，即旅游市场份额系数越大，旅游产业效率值越大。当旅游市场份额系数每上升一个百分点，旅游产业效率值增长 21.79%。

8.4 旅游全要素生产率影响因素

8.4.1 单位根检验结果

同上面的研究方法一样，采用 LLC 检验、IPS 检验、Fisher-ADF 检验和 Fisher-PP 检验 4 种方法来对各相关数据进行平稳性检验，最终的检验结果如表 8-4 所示。

表 8-4　旅游全要素生产率影响因素数据的单位根检验结果

检验序列	检验方法	LLC	IPS	Fisher-ADF	Fisher-PP
MI	检验统计量	-38.6579	-10.4568	63.6460	56.8852
	概率值 P	0.0000***	0.0000***	0.0000***	0.0002***
E1	检验统计量	1.0737	4.9611	3.2557	4.7099
	概率值 P	0.8585	1.0000	1.0000	1.0000
DE1	检验统计量	-10.3621	-4.2908	73.8605	71.4359
	概率值 P	0.0000***	0.0000***	0.0000***	0.0000***
E2	检验统计量	-71.8220	-17.7941	67.3222	69.4178
	概率值 P	0.0000***	0.0000***	0.0000***	0.0000***
E3	检验统计量	4.7567	-0.2401	38.5971	24.0298
	概率值 P	1.0000	0.4051	0.0876*	0.6800
DE3	检验统计量	-0.8272	-1.7689	52.0890	68.6576
	概率值 P	0.2041	0.0385**	0.0037***	0.0000***
DE3(2)	检验统计量	-2.8926	-4.8965	82.7930	70.2184
	概率值 P	0.0019***	0.0000***	0.0000***	0.0000***
E4	检验统计量	0.6122	3.8154	8.6893	11.7058
	概率值 P	0.7298	0.9999	0.9998	0.9971
DE4	检验统计量	-7.3686	-2.4054	50.6909	67.2753
	概率值 P	0.0000***	0.0081***	0.0054***	0.0000***
E5	检验统计量	-5.1465	-1.7303	51.3987	32.2275
	概率值 P	0.0000***	0.0418**	0.0045***	0.2654
DE5	检验统计量	-11.6636	-5.8752	90.5695	114.5520
	概率值 P	0.0000***	0.0000***	0.0000***	0.0000***
D6	检验统计量	-2.0124	-0.3794	33.9333	42.5066
	概率值 P	0.0221**	0.3522	0.1367	0.0218**

续表

检验序列	检验方法	LLC	IPS	Fisher-ADF	Fisher-PP
DE6	检验统计量	-9.1555	-4.5220	80.2590	90.1131
	概率值 P	0.0000***	0.0000***	0.0000***	0.0000***
E7	检验统计量	-5.3359	-1.5966	32.1564	54.6781
	概率值 P	0.0000***	0.0552*	0.0417**	0.0000***
E8	检验统计量	-1.3591	0.4733	28.0245	50.3824
	概率值 P	0.0871*	0.6820	0.4632	0.0059***
DE8	检验统计量	-28.3087	-12.9615	140.9400	197.3250
	概率值 P	0.0000***	0.0000***	0.0000***	0.0000***
E9	检验统计量	-1.4422	3.2575	7.9954	3.1487
	概率值 P	0.0746*	0.9994	0.9999	1.0000
DE9	检验统计量	-9.9861	-6.3513	98.5487	179.9420
	概率值 P	0.0000***	0.0000***	0.0000***	0.0000***

从表 8-4 中可以看到，对原始序列进行检验，除 MI 序列、E2 序列在显著性水平 1% 下为平稳序列，以及 E7 序列在显著性水平 10% 下为平稳序列，其他序列均不平稳。为此，需进一步对不平稳序列的一阶差分进行单位根检验。结果显示，序列 E1、E4、E5、E6、E8 和 E9 的一阶差分序列均表现为显著性水平 1% 以下为平稳序列；序列 E3 的一阶差分序列仍旧表现不平稳。继续对序列 E3 的二阶差分序列进行单位根检验，结果显示，在显著性水平 1% 下为平稳序列。因此，面板数据序列 MI、E2 不仅拒绝了“各截面序列具有相同单位根过程”的原假设，同时拒绝了“各截面成员序列无单位根”的原假设，即面板数据序列 MI、E2 均为平稳序列，无单位根，满足了对面板数据模型进行协整检验的前提条件；面板数据序列 E1、E4、E5、E6、E8 和 E9 的一阶差分序列也同时拒绝“各截面序列具有相同单位根过程”和“各截面成员序列无单位根”的原假设，即面板数据序列 TE、E1、E2、E4、E5、E6 和 E9 的一阶差分序列为平稳序列，无单位根，满足了对面板数据模型进行协整检验的前提条件；

面板数据序列 E3 的二阶差分序列为平稳序列，无单位根，同样满足对面板数据模型进行协整检验的前提条件。

8.4.2　面板数据模型的设定

同上小节一样，利用 F 统计量来对第一个问题进行检验。不同于上小节公式中的是，时期数 T 这时为 10，而不是 11。N 和 K 则与上小节相同。即在本实证研究中 N=14 ; T=10 ; K=9。此外，通过 Eviews 8.0 软件对上述 S_1、S_2 的计算，最终得到 $S_1 = 2.599039;\ S_2 = 1.503562$ 。所以，在本实证研究中 F 统计量实际上为：

$$F = \frac{(S_1 - S_2)/(N-1)}{S_2/(NT-N-K)} = \frac{(2.599039-1.503562)/(14-1)}{1.503562/(14\times10-14-9)} = 3.8258609$$

当计算出统计量 F 后，需要与 $F_\theta\left[(N-1),(NT-N-K),p\right]$ 进行比较。本研究选取置信水平为 5%，即 $F_\theta\left[(N-1),(NT-N-K),p\right] = F_{0.05}(13,118) = 1.8039666$ 。也就是说，在本研究中，计算的统计量 F 的值大于设定的 5% 的显著性水平的临界值，即拒绝原假设，同样使用变截距模型更为合适。

继续对第二个问题进行检验，再次利用 Eviews 8.0 软件中的豪斯曼检验工具进行检验，最终检验结果如表 8–5 所示。在第一个部分中，可以看到检验统计量为 14.57427，概率值为 0.1033，尽管在 10% 的显著性水平下不能拒绝检验原假设，同样使用随机效应变截距模型较为合适。第二部分给出了在固定效应模型和随机效应模型中，各解释变量的系数估计值的比较结果，可以看到各解释变量的系数估计值差异性较大，如对各解释变量进行对数处理后，解释变量 E1 在固定效应和随机效应模型中的系数估计值分别为 0.166528 和 0.123448，它们的方差为 0.001609，概率值 P 为 0.2829，表明利用固定效应模型和随机效应模型进行估计所得到的系数估计值在本实证研究中存在显著性差异。第三个部分则给出了固定效应变截距模型的估计结果，可以看到调整后模型的拟合度 $R2$ 为 0.843918，表明固定效应变截距模型的拟合度较高；经对数化运算后的解释变量 $E5$、$E6$ 和 $E7$ 均通过了显著性水平 1% 的检验，$E2$ 和 $E4$ 通过了显著性水平 5% 的检验，$E1$ 通过了显著性水平 10% 的检验，$E3$、$E8$ 和 $E9$ 未通过显著性水平 10% 的检验，表明在显著性水平为 10% 的情况下，最终影响因变量的解释变量共有 6 个。

此外，应用随机效应变截距模型计算出来的结果同样显示在附表中。可以看到，在计算出来的结果中，尽管拟合度同样有所下降，但也在 0.6 以上的水平，因此，所得结果仍然具有一定的说服力。经对数化运算后的解释变量 *E*2、*E*5、*E*6 和 *E*7 均通过了显著性水平 1% 的检验，*E*4 通过显著性水平 5% 的检验，*E*1、*E*3、*E*8 和 *E*9 均未通过显著性水平 10% 的检验，表明在显著性水平为 5% 的情况下，最终影响因变量的解释变量共有 5 个。这一结论与利用固定效应变截距模型算出的结果差异显著。最终，在本实证研究中确定选择的模型同样为随机效应变截距模型。

表 8-5　旅游全要素生产率影响因素模型的豪斯曼检验结果

Test Summary		Chi-Sq. Statistic	Chi-Sq. d.f.	Prob.
Cross-section random		14.57427	9	0.1033
Cross-section random effects test comparisons:				
Variable	Fixed	Random	Var(Diff.)	Prob.
LOG(E1)	0.166528	0.123448	0.001609	0.2829
LOG(E2)	-0.27225	-0.34358	0.001681	0.0819
LOG(E3)	0.00977	0.013827	0.000703	0.8784
LOG(E4)	-0.13373	-0.11468	0.0008	0.5007
LOG(E5)	0.454809	0.499126	0.002647	0.3890
LOG(E6)	-0.16942	-0.2276	0.000549	0.0130
LOG(E7)	0.473016	0.338791	0.003025	0.0147
LOG(E8)	0.015773	0.017199	0.000368	0.9407
LOG(E9)	0.002831	0.016851	0.000047	0.0403
Variable	Coefficient	Std. Error	t-Statistic	Prob.
C	0.056666	0.512396	0.110589	0.9121
LOG(E1)	0.166528	0.092789	1.794696	0.0753
LOG(E2)	-0.27225	0.126673	-2.14924	0.0337

续表

Cross-section random effects test comparisons:				
LOG(*E*3)	0.00977	0.041128	0.237565	0.8126
LOG(*E*4)	-0.13373	0.0622	-2.15	0.0336
LOG(*E*5)	0.454809	0.080874	5.623665	0.0000
LOG(*E*6)	-0.16942	0.042996	-3.94042	0.0001
LOG(*E*7)	0.473016	0.077622	6.093828	0.0000
LOG(*E*8)	0.015773	0.050287	0.313654	0.7543
LOG(*E*9)	0.002831	0.025794	0.109769	0.9128
Effects Specification				
Cross-section fixed (dummy variables)				
R-squared	0.868622	Mean dependent var		-0.24633
Adjusted R-squared	0.843918	S.D. dependent var		0.28694
S.E. of regression	0.113362	Akaike info criterion		-1.36736
Sum squared resid	1.503562	Schwarz criterion		-0.88409
Log likelihood	118.715	Hannan-Quinn criter.		-17097
F-statistic	35.1617	Durbin-Watson stat		1.253702
Prob(F-statistic)	0.00000			

8.4.3　模型的估计结果

通过前面对面板数据模型的单位根检验以及模型设定的选择，最终确定影响广西各市旅游全要素生产率的面板数据模型具体表达如公式（8-6）所示。

$$\ln MI_{it} = -0.47405 - 0.343579\ln E2_{it} - 0.114647\ln E4_{it} + 0.499126\ln E5_{it} - 0.227599\ln E6_{it} + 0.338791\ln E7_{it} + \varepsilon_{it} \tag{8-6}$$

$$i = 1,\cdots,N; t = 1,\cdots,T$$

式中：i为广西各市的编号数；t为年度数；ε为随机误差项。

从考察模型的结果来看，城镇居民恩格尔系数、全社会固定资产投资额、旅游区位熵、旅游资源吸引力和旅游市场份额对广西各市旅游全要素生产率的影响效果明显；国民生产总值 GDP、人口密度、公路密度和教育支出对广西各市旅游全要素生产率的影响效果不显著。此外，将影响效果显著的各解释变量系数相加后的值为 0.152092，说明这些影响因素与广西旅游全要素生产率的关系在整体上呈正相关。

第一，城镇居民恩格尔系数的回归系数为 –0.343579，并且通过了显著性水平为 1% 的假设性检验，表明其与广西各市旅游全要素生产率的关系为负相关，即广西各市城镇居民恩格尔系数越大，旅游全要素生产率越低。当城镇居民恩格尔系数每上升一个百分点，旅游产业效率值下降 34.36%。

第二，全社会固定资产投资额的回归系数为 –0.114647，通过了显著性水平为 5% 的假设检验，表明其与广西各市旅游全要素生产率的关系为负相关，即广西各市全社会固定资产投资额越大，旅游产业总效率值越低。当全社会固定资产投资额每上升一个百分点时，旅游全要素生产率减少 11.46%。

第三，旅游区位熵的回归系数为 0.499126，并且通过了显著性水平为 1% 的假设性检验，表明其与广西各市旅游全要素生产率之间为正相关，即旅游区位熵系数越大，旅游全要素生产率越大。当旅游区位熵系数每上升一个百分点，旅游全要素生产率增长 49.91%。

第四，旅游资源吸引力的回归系数为 –0.227599，并且通过了显著性水平为 1% 的假设性检验，表明其与广西各市旅游全要素生产率的关系为负相关，即广西各市旅游资源吸引力越大，旅游全要素生产率越小。当旅游资源吸引力每上升一个百分点，旅游全要素生产率下降 22.76%。

第五，旅游市场份额的回归系数为 0.338791，并且通过了显著性水平为 1% 的假设性检验，表明其与广西各市旅游全要素生产率之间为正相关，即旅游市场份额系数越大，旅游全要素生产率越大。当旅游市场份额系数每上升一个百分点，旅游全要素生产率增长 33.88%。

8.5　小结

通过前面的检验结果可以看到，影响广西各市旅游产业总效率和全要素生产率的因素基本相同。影响广西各市旅游产业总效率的影响因素有：国民生产总值 GDP（正相关）、城镇居民恩格尔系数（负相关）、全社会固定资产投资额（负相关）、旅游区位熵（正相关）、旅游资源吸引力（负相关）和旅游市场份额（正相关）。影响广西各市旅游全要素生产率的影响因素有：城镇居民恩格尔系数（负相关）、全社会固定资产投资额（负相关）、旅游区位熵（正相关）、旅游资源吸引力（负相关）和旅游市场份额（正相关）。除了国民生产总值对广西各市旅游全要素生产率的影响效果不明显外，其余 5 个因素均对旅游产业总效率和旅游全要素生产率的影响效果明显且作用方向相同。此外，人口密度、公路密度和教育支出均未通过显著性水平为 10% 的假设性检验，表明它们均不是影响广西各市旅游产业总效率和旅游全要素生产率的主要原因。

第 9 章　广西旅游业均衡发展途径与对策

9.1　城市发展模式构建

为了更好地为城市旅游发展提供发展对策，在城市发展水平约束类型划分的基础上，提出有针对性的发展策略，构建了表 9-1 广西城市旅游优化发展模式表。

表 9-1　广西城市旅游发展模式表

城市旅游发展约束类型	主要特征	发展策略	适用城市
旅游供给水平约束型	该类型城市旅游资源丰度值较低，旅游接待设施较为不足	深入挖掘旅游资源，积极开发旅游产品与旅游线路，培育核心旅游资源，增强旅游吸引力；完善接待设施，提升服务水平	来宾、防城港、贵港、贺州、梧州、百色、钦州、玉林、南宁
旅游需求水平约束型	该类型城市旅游吸引力不强，旅游客源市场经营欠缺，客源缺乏，旅游产业经济水平较一般	打破地域限制，开展跨地域合作，推动区域联动、线路联动，打造旅游发展共同体；加大宣传力度，打造旅游品牌	来宾、防城港、贵港、崇左、梧州、百色、钦州、北海、玉林
社会经济水平约束型	该类型城市社会经济不发达、对旅游产业支持力不足、经济运行活力较弱	通过政策引导，产业扶持，放活旅游发展与投资政策，加强城市与旅游基础设施建设	来宾、防城港、贵港、贺州、崇左、河池、北海、百色、钦州
旅游环境水平约束型	该类型城市市政公用设施建设不足，园林绿化率较低，交通通达性较弱	科学布局，提高城市基础设施建设水平；优化人居环境，提升旅游体验；优化交通设施，提升地区可达性	来宾、防城港、贺州、崇左、河池、梧州、百色、桂林

需要注意的是，部分城市只属于某一个类型，如南宁市只属于旅游供给水平约束型，桂林市只属于旅游环境水平约束型；部分城市则同属于多个类型，如来宾市、防城港市同属于 4 个类型，贵港市属于 3 个类型，崇左、玉林属于两个类型等（具体见图 9-1）。每个城市受约束因素不同，相应的在进行旅游优化发展的过程中，就要综合分析，全局考虑，实现旅游发展的统筹推进，均衡发展。

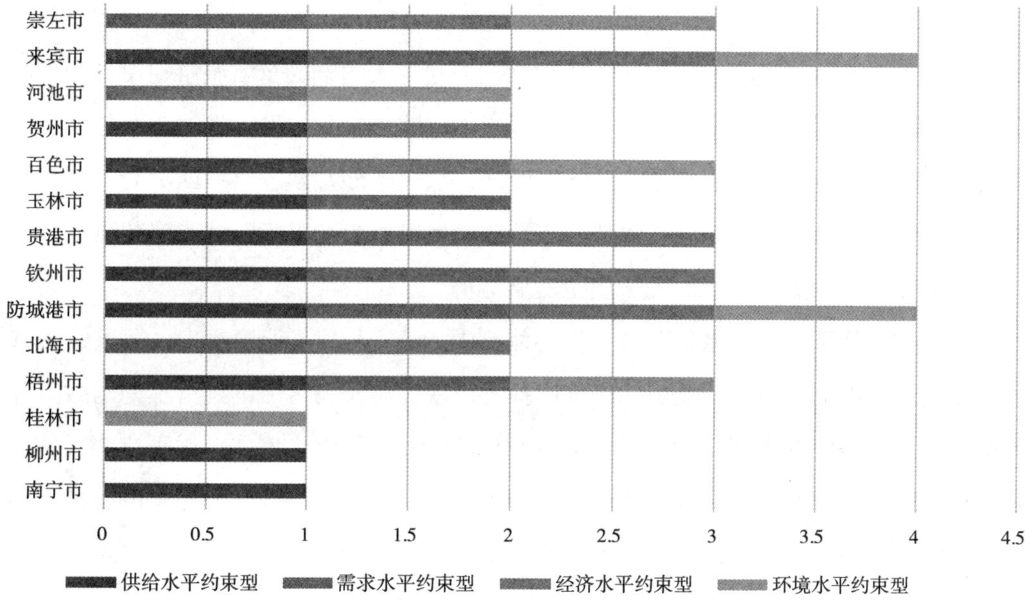

图 9-1　广西 14 个城市旅游发展约束类型堆积条形图

9.2　全局均衡发展对策

9.2.1　全面布局，统筹协同发展

旅游业是一项综合性产业，其发展水平的高低不仅受到旅游资源、旅游经营等直接要素的影响，也受到社会经济发展水平、区域交通通达性等间接性要素的影响。在研究中，我们发现旅游经济活动在不同区域的分布因资源配置的差异也表现出非均衡性，因此，在广西旅游业发展的过程中，要全面布局，统筹协同发展；综合考虑交通

区位、旅游资源特色、产业发展水平等多方因素，科学合理地进行空间规划与政策布局；整合发展资源，打造旅游集散中心，培育区域旅游发展龙头；发挥区域特色，打造精品化旅游线路与旅游品牌，培育旅游特色发展区；利用资源禀赋差异形成差异化发展战略，从而维护空间公平，使广西旅游发展最终形成更为合理、完善的总体布局。基于上文分析研究及非均衡发展战略，广西旅游业的发展应从以下几个方面着手。

（1）转变理念，创新发展机制

要增进交流，达成共识，集聚全区智慧与力量，大力推动全域旅游建设，明确旅游业在全区支柱性产业的发展定位。从全局性、战略性视角出发，通过不懈努力，解决当前广西旅游发展的突出问题，非均衡问题。通过不断发展，将广西努力打造成旅游产业特色鲜明、旅游交通设施便利、旅游环境优良、旅游服务一流的旅游强省。

（2）完善公共服务体系，优化旅游发展环境

公共服务体系关乎着游客在整个旅游体验中的舒适程度和满意程度，因此，公共服务体系的完善和优化旅游发展的环境应提上议程。由于各区域的经济实力与政策等因素的差异，需根据各区域的实际情况制定相关的完善策略。例如，对于广西经济发展较为落后但旅游资源优势明显的地区，应给予资金、技术和政策等方面的支持，在促进其发展的同时，也能达到降低区内发展不均衡程度和合理分配资源的效果。

（3）促进旅游产业素质提升，提升市场竞争力

努力挖掘旅游资源内涵，丰富旅游项目；推进广西旅游业与农业、工业、文化等多产业的融合发展，加快区内旅游产业的转型升级；完善旅游发展环境，吸引和培育市场竞争能力较强的旅游企业，培养各区域的旅游龙头企业，发挥其带头作用，将广西旅游总量做大、人气做旺、品牌做响，推动广西旅游产业向品牌化和集团化方向发展。

9.2.2 产业扶持，培育竞争优势

产业扶持的主体是地方政府，产业扶持的主要措施是政策支持与发展资金支持。具有良好的地区国民经济水平、旅游经济效益的地区，往往能够为旅游业的发展提供源源不断的资金支持与产业支持。旅游业发展较好的地区一般集中在经济水平发展较好的东部沿海，这些区域虽然旅游资源一般，但其交通状况、产业支持、旅游投资等得益于经济的发展，往往拥有强大的优势，旅游业发展整体较好，能够确保其在旅游

市场中保持竞争优势。在广西旅游发展竞争中，也要避免出现“强者恒强”的局面，某些经济强市因经济发展在区域内的“一城独大”格局使得其在旅游发展中不断吸收周边资源、人力等要素，出现自身旅游经济规模越来越大，而周边地区旅游业发展受到严重压制的局面，要通过政策引导和资源分配，调整发展布局。

因此，广西在全区旅游业的发展建设中，应着重扶植国民经济实力或旅游业发展基础薄弱的地区，通过政策支持、资金支持、人力支持，帮助其持续优化旅游产业结构、升级换代产品、强化旅游基础设施建设、提升旅游服务质量，形成持久的区域旅游竞争力，扭转落后的旅游业发展现状，培育发展动力强劲、竞争优势明显、持续健康的旅游产业。特别是要在旅游资源开发、旅游投资方面予以高度支持，当前我国旅游业的发展已经进入高质量发展的新时代，旅游产品升级换代，旅游产品开发同质化严重，区域旅游竞争日趋激烈，传统的浅层次的观光旅游体验已不能满足游客日益增长的刚性需求，而持续的改进与优化，需要多方面的支持。旅游资源是旅游业发展的基础，也是旅游业发展的核心竞争力。在旅游业发展初期，通过旅游资源的初级开发，为游客提供形式多样的旅游产品、满足游客的观光游览需求，通过旅游产品的更新换代，满足日益变化的市场需求，培育市场竞争优势。

9.2.3　合理定位，发挥区位优势

广西壮族自治区在地理位置上沿边、沿疆、沿海，为全国唯一，区位优势明显，但同时广西又存在较多不利因素。从全国来看，广西身处中国大西南，远离内陆省份，在空间距离上存在劣势；从周边来看，接壤的几个国家与地区中，仅东部的广东省经济发展水平较好，其他接壤区域经济发展水平均较为一般；从区内来看，多山地，地理环境较为复杂，存在交通不便等不利因素。针对以上情况，在旅游发展中，全区及各城市应充分认识当前区位现状，合理定位，发挥既有区位优势，克服区位劣势，具体来说有以下几点。

第一，瞄准粤港澳大湾区。在国内客源市场方面，应重点培育粤港澳大湾区客源市场，多方举措吸引来自该区域的旅游投资建设。当前，广东省经济发展水平良好，接壤广东经济发达省份。2017 年，广东全省 GDP 为 89879.23 亿元，全国排名第一，人均 GDP8.2 万元，位于全国中上游。距离香港、澳门地区较近，2017 年，澳门人均

GDP47.5 万元，位居全国第一，香港人均 GDP30.1 万元，位居全国第二。以上地区良好的经济发展水平为周边旅游业的发展带来了便利，2018 年，国家正式提出“粤港澳大湾区”概念，各级政府也在抓紧制定促进该区域经济发展的政策文件。因此，基于当前上述地区的经济发展水平状况及未来的政策加成，广西全区特别是接壤广东的梧州市、玉林市，应着力培育该区域客源市场，同时积极引进旅游投资，为当地旅游发展瞄准方向，找准突破口。

第二，建设“3 小时”都市高铁旅游圈。地处广西东北、北部的桂林市、贺州市：应借助高铁交通枢纽优势，培育“广州—长沙—贵阳—南宁”都市旅游圈客源市场。贵广高铁、湘桂高铁均途经桂林，两条高铁在桂林形成了十字交叉，桂林也因此成了全国少有的双高铁城市，形成了“一城四站两高铁”的格局，连通广东广州、湖南长沙、贵州贵阳、广西南宁四大省会城市，形成了“3 小时”都市经济圈，交通优势十分明显，广西北部地区要以桂林为中心，打造桂北旅游高地，设立桂林旅游高铁集散中心、桂林旅游高铁服务中心、旅游应急救援等全方位服务，全面迎接高铁时代的到来。同时，桂北地区要与周边三省加强旅游合作，打造中国华南旅游合作区，实现区域联动、线路联动，共同谋划区域旅游发展。处于桂林周边特别是距离较近的贺州市、要与桂林市探索旅游一体化发展策略，与桂林市交通互联程度较高的柳州市、河池市、来宾市、南宁市要积极承接高铁旅游客源，做好引流发展工作。

第三，依托国家战略，谋划东南亚市场。地处广西西南、南部的百色市、崇左市、钦州市、防城港市、北海市要依托“一带一路”倡议、中国—东盟国际贸易区建设，大力发展边境旅游、贸易旅游，将区域政策优势转化为旅游发展优势，强化区域联系，发挥异域特色，打造区域旅游品牌，大力开发入境旅游客源市场。

9.2.4 跨地合作，打破行政壁垒

（1）推动各市旅游主管部门之间的横向协调

合作模式的选择不能一概而论，要根据各方的市场经济发展水平、旅游发展程度及合作基础而定。就广西的情况来看，要坚持循序渐进的原则、综合协调，在全区旅游规划布局和规范旅游市场秩序方面，打破行政界限，促进各旅游管理部门的协调，并建立“规划共编、品牌共建、市场（客源、线路、节庆）共推、信息共享、交通共

联、争议共商”的“六共”运行机制。此外，在涉及旅游发展中不同利益主体之间的交流、互动和协商等方面，应考虑采取“政府牵头，企业参与，协议约束”的合作模式，不应局限于政府部门的合作协调，各利益群体应广泛参与，不仅实现旅游管理部门的横向协调，还要实现私人部门的横向协调。

（2）积极促进区内旅游发展合作

在《广西旅游业发展“十三五”规划》的指导下，需加快推进“桂林—柳州—来宾—南宁—北海—钦州—防城港”南北旅游发展带、珠江—西江经济带国家发展战略、东西旅游发展带、旅游交通等项目建设。依托区域边界的旅游资源或依托交通进行区内旅游合作发展；也可以在“一带一路”倡议背景下共同挖掘区内关于“丝路文化”等旅游资源，打造广西“丝路旅游”一体化。广西区内各市通过旅游带与重大旅游项目的建设与合作，打破区域壁垒，建立开放、有序的旅游空间市场，发展广西无界限旅游或无障碍旅游，并以资源优势互补为原则，对广西的旅游资源进行总体部署和开放，形成各区域旅游特色，并创建自己独有的旅游品牌。在加速广西旅游一体化建设过程中，应充分发挥旅游龙头企业与重大旅游项目的辐射带动作用，争取实现广西旅游的全面增效，为广西旅游整体竞争力的提升创造条件，减轻旅游发展不均衡的现象。

（3）主动促成区外旅游发展合作

广西与其他省市的合作方式主要根据地区空间上是否连续分为板块型与非板块型两种方式。合作的内容主要包括客源互换、资源共享、开放市场、产品开发、共同营销、管理协调、基础交通设施共建、信息交流、人员交流培训等。例如，依托高铁，加强广西与广州、香港的旅游合作，加强推进广西与临近的粤、黔、湘高铁沿线跨省区旅游线路的打造，共同组建旅游区域联盟，激活区域旅游市场；依托“丝路”文化，打造桂林与湖南的“丝路”文化旅游品牌，带动湘桂走廊沿线、漓江—湘江沿线的综合发展。

第 10 章　结论与展望

10.1　研究结论

10.1.1　全区旅游发展历时差异显著，空间结构失衡

一是历时差异显著：以 2008~2017 年旅游接待总人数和旅游总消费两项数据进行标准差（S）与绝对差异（CV）分析，均表现出整体非均衡性显著的特点。旅游接待总人数的绝对差异巨大，并且差距呈逐年迅速增大的趋势，相对差异缓慢减小。旅游接待总消费同样呈现的绝对差异巨大，并且差距呈逐年迅速增大趋势，相对差异逐年缓慢减小，非均衡性特点较为显著；二是空间失衡显著：各城市的旅游业区位熵平均值呈逐年上升趋势且平均值差异巨大。通过分析结果可以看出：广西 14 个城市的旅游产业集中度呈现两极分化格局：桂林市、贺州市、北海市、河池市、南宁市、百色市、崇左市 7 个城市的旅游产业专业化程度较高，处于第一梯队，区位熵平均值较高，其余 7 个城市处于第二梯队，呈现出旅游产业区位熵普遍较低的状况，第一梯队区位熵平均值为第二梯队的 1.72 倍。从整体来看，广西 14 个城市旅游产业专业化程度非均衡性显著。

10.1.2　各地旅游发展水平梯度清晰，差异表现各异

一是发展梯度清晰：14 个城市可以被分为 4 类，各类城市之家间呈现出了明显的梯度。第一类城市发展类型可以定义为“旅游发展优势型”；第二类城市发展类型可以定义为“旅游发展潜力型”；第三类城市发展类型可以定义为“旅游发展劣势型”；第

三类与第四类城市旅游发展水平差距较小，特征相似，就发展类型来说，可以统一归为“旅游发展劣势型”。二是发展差异显著：南宁市等第一类城市一枝独秀，是广西旅游业的“增长极”；柳州市等第二类城市旅游发展处于中等水平；来宾市、防城港市等第三、第四类城市旅游发展水平整体较低，与第二类城市有一定的差距。从整体来看，4 类城市差异较为显著，呈现了两极分化现象。三是结构水平各异：从本文构建的广西城市旅游发展水平评价体系来看，14 个城市在旅游供给水平、旅游需求水平、社会经济水平、旅游环境水平 4 个方面各有其发展优势与劣势，表现不一。

10.1.3　旅游发展时空分异成因多样，主导因素清晰

影响广西旅游业发展时空分异的因素可以分为三大类：一类是旅游发展驱动因子，二类是旅游发展约束因子，三类是旅游发展核心因子。其中，南宁市的驱动因子为社会经济水平，约束因子为旅游供给水平；桂林市的驱动因子为旅游供给水平，约束因子为旅游环境水平；柳州市的驱动因子为社会经济水平，约束因子为旅游需求水平；玉林市的驱动因子为旅游环境水平，约束因子为旅游供给水平；北海市的驱动因子为旅游环境水平，约束因子为社会经济水平；钦州市的驱动因子为旅游环境水平，约束因子为旅游需求水平；河池市的驱动因子为旅游供给水平，约束因子为旅游环境水平；崇左市的驱动因子为旅游供给水平，约束因子为旅游环境水平；其余 6 个城市，包括百色市、梧州市、贺州市、贵港市、防城港市、来宾市，无突出驱动因子，众多约束因子限制了其旅游业的发展。影响广西旅游发展的核心因子为：旅游资源、社会经济、地理区位、交通通达性，与广西旅游业的发展有很高的相关性。

10.1.4　全区旅游均衡发展路径明确，点面统筹推进

实现广西旅游业均衡化发展的路径主要有两个：一是根据城市的特点、驱动因子与约束因子分析，定义城市旅游的现状类型与未来发展模式，通过现状问题剖析，总结发展问题，进而提出针对性发展策略，同等发展模式的城市可以在旅游发展的思路设计、政策制定、措施实施等方面加强合作，组成战略同盟，实现资源共享、信息共享、区域联动发展；二是广西全局均衡化发展对策方面，应从全面布局，统筹协调发展；产业扶持，培育竞争优势；跨地合作，打破行政壁垒 4 个方面着手，进一步强化

旅游发展的顶层设计、推动旅游发展的改革创新、培育区域旅游发展的增长极，推动全区旅游业更好、更快地发展。

10.2 研究不足

广西旅游产业在发展过程中，受多方面因素的驱动与制约，本文虽然对2008~2017年近10年来广西旅游产业发展的时空分异状况及影响因素进行了分析，但旅游发展水平的高低与各要素之间的关系是多维的、变动的、复杂的。因受资料数据获取及本人能力水平的限制，本文的研究存在许多不足之处，研究的深度与研究广度还有待加强与提升。具体表现为：

一是在研究数据选取方面，本文在旅游发展的非均衡性研究中，仅采用了旅游总消费、旅游接待总人数两个主要指标数据，研究方法上仅局限于变异系数、标准差等，方法单一，深度不够。

二是在评价指标选取方面，自身学术规范还较为欠缺，城市旅游发展的评价体系构建方式上还不够科学严谨，各评价指标的选择上还不够准确合理，在评估结果的科学性与准确性方面略显不足。

三是在影响因素分析方面，旅游业是一项综合性产业，影响其发展的因素是多样的。本文较多的依赖自身构建的评价体系进行分析研究且分析角度多从各城市个体切入，研究角度与方式不够全面，对部分数据结果仅进行了描述性分析，研究的深度不够，成果还不够显著。

10.3 研究展望

后续的研究可从以下几个方面入手，开展更为深入、细致、全面的研究：

一是进一步丰富城市旅游发展水平评价的指标体系，纳入更为丰富的数据指标，以此构建更加全面的旅游产业发展水平评价指标。在数据选取上，要扩大研究的内容与范畴，增加研究的时间跨度，在更长的发展时间内，探究旅游发展的规律及差异，更好地进行分析与探究；二是进一步加强广西旅游均衡化发展的策略研究，加强相关科学理论的运用，通过深入研究旅游发展模式，提出更具系统性、科学性、针对性的发展策略，为广西旅游发展的非均衡问题寻找更为科学的解决方案，为广西各市及全区旅游业的高速度、高质量、均衡发展提供决策依据。

参考文献

[1] WENG Jin, YANG Kai–zhong.Spatial Structure of Tourism System: Spatial Model for Monopolistic Competition with Asymmetry.Systems ngineering–Theory&Prictice, 2007, 27(2): 76–82.

[2] AIREY D, CHONG K National policy–makers for tourism in china[J].Annals of Tourism Research, 2010, 37(2):295–314.

[3] ALAN Clarke.Tourism Development: Growth, Myths, and Inequalities[J]. Annals of Tourism Research, 2009, 36: 1730–1740.

[4] ANDERSON, P., PETERSON, N. C. A procedure for ranking efficient units in data envelopment analysis. Management Science, 1993, 39(10): 1261–1264.

[5] ANDERSON, R. I., LEWIS, D., PARKER, M. E Another look at theefficiency of corporate travel management departments. Journal of TravelResearch, 1999, 37: 267–272.

[6] Aurkene Alzua–Sorzabal, Mikel Zurutuza, Fidel Rebón, Jon Kepa Gerrikagoitia, Obtaining the Efficiency of Tourism Destination Website Based on Data Envelopment Analysis, In Procedia–Social and Behavioral Sciences, 2015: 58–65.

[7] Baltagi,B.H.Econometric Analysis of Panel Data, Second edition[M], New York: Wiley, 2001.

[8] BANKER R D. Estimating Most Productive Scale Size Using DEA. European Journal of Operational Research,1984(17):35–44.

[9] BARRO, R.A.X.S.–I.–M., CONVERGENCE. Journal of Political Economy, 1992, 100: 223–251.

[10] BARROS, C. P., MATIAS, A.. Assessing the efficiency of travel agencies witha stochastic cost frontier: a Portuguese case study. International Journal ofTourism Research, 2006, 8: 367–379.

[11] BARROS, C.P. Astochastic cost frontier in the Portuguese hotel industry. Tourism Economics, 2004, 10: 177–192.

[12] Baumol, W., Productivity Growth, Convergence, and Welfare: What the Long–Run Data Show American Economic Review, 1986, 76: 1072–1085.

[13] BEAUMONT N, Local tourism governance:A comparison of three network approaches[J].Journal of Sustainable Tourism, 2010, 18(1):7–28.

[14] BELL, R. A., MOREY, R. C. The search for appropriate benchmarking partners:a macro approach and application to corporate travel management. Omega,International Journal of Management Science, 1994,22(5): 477–490.

[15] BIGANO A, HAMILTON J M, LAU M, ETC.A Global Data Base of Domestic and International Tourist Numbers at National and Subnational Level[J].International Journal of Tourism Research, 2007, 9(18): 147–174.

[16] BRIDAL J A.Regional Development Policies: An Assessment of Their Evolution and Effects on the Spanish Tourist Model[J].Tourism Management, 2003, 5(24): 655–663.

[17] Can Deniz Köksal, A. AKIN AKSU. Efficiency evaluation of A–group travel agencies with data envelopment analysis (DEA): A case study in the Antalya region, Turkey, In Tourism Management, 2007, 28(3): 830–834.

[18] Carlos Pestana Barros, Laurent Botti, Nicolas Peypoch, Elisabeth Robinot, Bernardin Solonandrasana, George Assaf A., Performance of French destinations: Tourism attraction perspectives, In Tourism Management, 2011, 32(1): 141–146.

[19] Carlos Pestana Barros, Maria José Mascarenhas, Technical and allocative efficiency in a chain of small hotels, In International Journal of Hospitality Management, 2005, 24(3):415–436.

[20] Carlos Pestana Barros, Measuring efficiency in the hotel sector, In Annals of Tourism Research, 2005, 32(2): 456–477.

[21] Carlos Pestana Barros, PETER U.C. DIEKE. Performance evaluation of Italian airports: A data envelopment analysis, In Journal of Air Transport Management, 2007, 13(4): 184–191.

[22] CARLOS PESTANA BARROS, PETER U.C. DIEKE, Technical efficiency of African hotels, In International Journal of Hospitality Management, 2008, 27(3): 438–447.

[23] CAVE D W, CHRISTENSEN L R, DIEWERT W E. The economic theory of index number sand the measurement of input, output and productivity. Econometrica, 1982,50(6):1393–1414.

[24] CAVES, D. W., CHRISTENSEN, L. R., DIEWERT, W. E. (1982). The economic theory ofindex numbers and the measurement of input, output and productivity. Econometrica, 50(6): 1393–1414.

[25] CHARNES A, COOPER W. W, RHODES E. Evaluation program and managerial efficiency: an application of data envelopment analysis to program follow through. Management Science, 1981,27(6):668–697.

[26] CHARNES A, COOPER W. W, RHODES E. Measuring the Efficiency of Decision Making Units. European Journal of Operational Research, 1978(2): 429–444.

[27] CHARNES, A., COOPER, W. W., RHODES, E. (1978). Measuring the efficiency of decision making units. European Journal of Operational Research, 2(6): 429–444.

[28] CHARNES, A., COOPER, W., DIVINE, J. D., Ruefli, T., & Thomas, D. (1989). Comparisons of DEA and existing ratio and regression systems for effecting efficiency evaluations of regulated electric cooperatives in Texas. Research in Governmental and Nonprofit Accounting, 5: 187–210.

[29] CHENG, HSIAO. Analysis of Panel Data, Second edition[M], Cambridge: Cambridge University Press.

[30] Chia–Lin Chang, Songsak Sriboonchitta, Aree Wiboonpongse.Msdelling and forecasting tourism from East Asia to Thailand under temporal and spatial ggregation.Mathematics and computers in Simulation, 2009, 79: 1730–1740.

[31] Ching Fu Chen, Song Zan Chiou–Wei.Tourism Expansion, Tourism Uncertainty and Economic Growth: New evidence from Taiwan and Korea[J].Tourism Management, 2009, 7(30): 812–818.

[32] CHOONG K L.A Comparative Study of Caucasian and Asian Visitors to a Cultural Expo in an Asian Setting[J].Tourism Management, 2000, 5(21): 167–176.

[33] CHRISTINE Lim, GRACE W.Pan.Inbound tourism developmentsand patterns

in China.Mathematica and computer in Simulation, 2005, 68: 499-507.

[34] COELLI, T. J., PERELMAN, S. A comparison of parametric and nonparametric distance functions. With application to European railways. European Journal of Operations Research, 1998, 117: 326-339.

[35] Douglas G Pearce.Tourist districts in Paris: structure and functions[J]. Tourism Management, 1999, 19(1): 49-65.

[36] DURLAUF, S.A.D.Q., The New Empirics of Economic Growth, NBER Working Paper, W6422, 1998.

[37] Eugene Y. Roh, Kyuwan Choi, Efficiency comparison of multiple brands within the same franchise: Data envelopment analysis approach, In International Journal of Hospitality Management, 2010,29(1): 92-98.

[38] FAGENCE M.Regional Tourism Cooperation[J].Annuals of Tourism Research, 2006, 4(6): 17-720.

[39] FARE R,GROSSKOPF S,LINDGREN B,et al. Productivity changes in Swedish pharmacies 1980—1989: A non-parametric Malmquist approach. Journal of Productivity Analysis,1992,3(1/2):85-101.

[40] FARRE M J. The Measurement of Production Efficiency[J]. Journal of Royal Statistical Society,1957,120(3):253-281.

[41] FARRELL, M.j. The messurement of productive efficiency[J]. Journal of Development Economics, 1983,12(1-2): 59-73.

[42] GILLEN, D., LALL, A. Non-parametric measures of efficiencyof US airports. International Journal of Transport Economics, 1997, 28: 283-306.

[43] HSIAO C. Analysis of panel data(second edition)[M]. Pe King University Press, Bei Jing, 2003.

[44] HUN-KOO HA, Yulai WAN, Yuichiro Yoshida, Anming ZHANG. Airline market structure and airport efficiency: Evidence from major Northeast Asian airports, In Journal of Air Transport Management, 2013, 33: 32-42.

[45] ISLAM, N. Growth Empirics: A Panel Data Approach, Quarterly Journal of Economics, 1995, 110: 1127-1170.

[46] JENNY H, LOUISE D.Tourism in Poor Rural Areas: Diversifying the Product and Expanding the Benefits Neural Uganda and the Czech Republic[J].Tourism Management, 2003, 3(12): 297-311.

[47] JUAN Gabriel Brida, Nicolás Garrido, Manuela Deidda, Manuela Pulina, Exploring the dynamics of the efficiency in the Italian hospitality sector. A regional case study, In Expert Systems with Applications, 2012, 39(10): 9064–9071.

[48] KHADAROO J,SEETANAH B.The role of transport infrastructure in international tourism development:A ravity model approach[J].Tourism Management,2008,29(5)831–840.

[49] KOZAK M.Comparative Assessment of Tourist Satisfaction with Destinations across Nationalities[J].Tourism Management, 2001, 6(22): 391–401.

[50] KULINAT K.Fremdenverkehr in Den Mittelmeerlandern: Konkurrenten Mit Gemeinsamen[J].Umwelt Problem en Geographische Rundschau, 1991, 43(7–8): 430–436.

[51] Léopald Simar, Wilson P W.Estimating and boot–strapping Malmquist indices[J]. European Journal of Operational Research,1999,115(3):459–471.

[52] Lilibeth Fuentes Medina, Ignacio González Gómez, Sandra Morini Marrero, MEASURING EFFICIENCY OF SUN & BEACH TOURISM DESTINATIONS, In Annals of Tourism Research, 2012, 39(2): 1248–1251.

[53] LOVELL, C. A. K. Production frontiers and productive efficiency. In H. O. FRIED, C. A. K. LOVELL, & S. S. Schmidt (Eds.), The measurement of productive efficiency: Techniques and applications (pp. 3e67). Oxford: Oxford University Press.

[54] LUCAS, R.E., On the Mechanics of Economic Development. Journal of Monetary Economics, 1988, 22: 3–42.

[55] Malcolm Abbott, Reform and efficiency of New Zealand's airports, In Utilities Policy, 2015, 36: 1–9.

[56] MANKIW, N.G., DAVID Romer, DAVID N. Weil A Contribution to the Empirics of Economic Growth, Quarterly Journal of Economics, 1992, 107 (5): 407–437.

[57] MOREY, R., D. Dittman. Evaluating a Hotel GM’s Performance: A Case Study in Benchmarking.Cornell Hotel Restaurant and Administration Quarterly, 36(5):30–35.

[58] Muzaffer Uysal, JOSEPH S.CHEN, Daniel R.Williams.Increasing state market share through a regional positioning[J].Tourism Management, 2000, 6(21): 89-96.

[59] NOOREHA, H., MOKHTAR, A., SURESH, K. Evaluating public sector efficiency with data envelopment analysis (DEA): A case study in road transport department; Selangor, Malaysia. Total Quality Management, 2000, 11(4), s830-s836.

[60] NORMAN, M., STOKER, B.. Data envelopment analysis, the assessment of performance. New Jersey: Wiley, 1999.

[61] PARKER, D., The performance of the BAA before and afterprivatization. Journal of Transport Economics and Policy, 1999, 33: 133-146.

[62] PATTY S, GEOREY W. Consequences of resort development: A comparative study[J].Tourism Management, 1999, 5(20): 283-296.

[63] QUAH, D., TWIN Peaks: Growth and Convergence in Models of Distribution Dynamics, The Economic Journal, 1996. vol.106: 1045-1055.

[64] RAMESY, F.. A Mathematical Theory of Saving, Economic Journal, 1928: 543-559.

[65] Ramón Fuentes. Efficiency of travel agencies: A case study of Alicante, Spain[J]. Expert System with Applications, 2011(38):8763-8769.

[66] Ricardo Oliveira, Maria Isabel Pedro, Rui Cunha Marques. Efficiency and its determinants in Portuguese hotels in the Algarve, In Tourism Management, Volume 36, 2013, Pages 641-649, ISSN 0261-5177.

[67] Rico Merkert, George Williams. Determinants of European PSO airline efficiency-Evidence from a semi-parametric approach, In Journal of Air Transport Management, 2013, 29: 11-16.

[68] ROMER, P.M. Increasing returns and long-run growth, Journal of Political Economy, 1986, 1(94): 1002-37.

[69] SALAH S.HASSAN.Determinants of Market Competitiveness in an Environmentally Sustainable Tourism Industry[J].Journal of Travel Research, 2000, 38(3): 239-245.

[70] SCHEFFÉ H. The Analysis of Variance[M], New York, 1959, Wiley.

[71] SCHNALL L.Tourismus und Tourismus Strukturen in Grossbritannien[J].

Geograohische Rundschau，1991，43(1)：26–32.
[72] SEARLE S R. Linear Models[M], New York, 1971.
[73] SECKELMANN A.Domestic tourism：Chance gor regional development in Turkey [J].Tourism Management，2002，23(1)：85–92.
[74] Sergio Perelman, Tom á s Serebrisky, Measuring the technical efficiency of airports in Latin America, In Utilities Policy, 2012, 22: 1–7.
[75] SIMAR, L., WILSON, P.W. Estimation and inference in two stage,semi-parametric models of productive efficiency. Journal of Econo–metrics, 2007, 136: 31–64.
[76] SMITH, A.. An Inquiry into the Nature and Causes the Wealth Nations. New York: Random House, 1937:1776.
[77] Víctor M. Giménez–García, José Luis Martínez–Parra, Frank P. Buffa, Improving resource utilization in multi–unit networked organizations: The case of a Spanish restaurant chain, In Tourism Management, 2007, 28(1): 262–270.
[78] WEI–WEN WU. Beyond Travel & Tourism competitiveness ranking using DEA, GST, ANN and Borda count, In Expert Systems with Applications, 2011, 38(10): 12974–12982.
[79] WÖBER, K. W. (2006). Data envelopment analysis. Journal of Travel & Tourism Marketing, 21(4), 91–108.
[80] XINYUE YE，MICHAEL C.Exploratory Space–time Analysis of Local Economic Development[J]. Applied Geography，2011，7(31)：1049–1058.
[81] YOUNG, A.. The Tyranny of Numbers: Confronting the Statistical Realities of the East Asian Growth Experience, Quarterly Journal of Economics, 1995. 110(3): 641–680.
[82] Zhang Y.Tourism and regional imbalance in Yun Nan(china)[C]. CAUTHE Nationl Research Conference, 2001.
[83] 把多勋,徐金海,杨志国.甘肃省14城市旅游竞争力比较研究[J].干旱区资源与环境，2014，28(7):194–199.
[84] 薄湘平，张慧．基于DEA方法的我国旅游服务质量测评研究[J].统计与决策，2006(20):92–94.
[85] 毕燕，徐洪琼，陈乔.广西国内旅游规模区域差异分析[J].重庆师范大学学报（自然科学版），2012，29(4):118–123.

[86] 曹芳东，黄震方，吴江，徐敏，周玮 . 国家级风景名胜区旅游效率测度与区位可达性分析 [J]. 地理学报 ,2012,67(12):1686−1697.

[87] 曹芳东，黄震方，余凤龙，吴丽敏 . 国家级风景名胜区旅游效率空间格局动态演化及其驱动机制 [J]. 地理研究 ,2014,33(6):1151−1166.

[88] 曹芳东，吴江，徐敏，等 . 基于新制度经济学视角的区域旅游发展差异根源探析 [J]. 工业技术经济，2011，9(3)：25−31.

[89] 陈沛然，张落成 . 广东省城市旅游竞争力评价与发展对策研究 [J]. 中国科学院大学学报，2017，34（6）：701−711.

[90] 陈晓，王丹，张耀光，等. 辽宁省旅游经济的时空差异演变分析 [J]. 经济地理，2009，29(1)：147−152.

[91] 程金龙 . 中国区域旅游经济差异演变及主导因素分析 [J]. 华东经济管理，2018，32(12)：56−62.

[92] 程进，陆琳 . 安徽省区域旅游经济差异研究 [J]. 徽师范大学学报 (自然科学版)，2010，7(1)：81−85.

[93] 方叶林，黄震方，王坤，涂玮 . 中国星级酒店相对效率集聚的空间分析及提升策略 [J]. 人文地理 ,2013,28(1):121−127.

[94] 弗朗索瓦 . 韦拉 . 国际旅游经济与政策 [M]. 罗结珍，吴化麟，胡建，译 . 北京：旅游教育出版社，1989：138−149.

[95] 付磊 . 我国东西部旅游发展差距与西部大开发战略 [J]. 桂林旅游高等专科学校学报，2001，12(1)：28−32.

[96] 甘永萍 . 广西入境旅游发展的区域差异及影响因素分析 [J]. 商业研究，2010 (403)：149−153.

[97] 高超，陆玉麟 . 江苏省旅游经济空间差异研究 [J]. 安徽农业科学，2006，34(24)：6690−6693.

[98] 高恒冠 . 广东省旅游业的空间非均衡性及其优化策略研究 [J]. 惠州学院学报（社会科学版），2018，38（1）：93−97.

[99] 郭岚，张勇，李志娟 . 基于因子分析与 DEA 方法的旅游上市公司效率评价 [J]. 管理学报 ,2008(2):258−262.

[100] 郝俊卿，曹明明 . 基于时空尺度下陕西省旅游经济差异及形成机制研究 [J]. 旅游科学，2009，23(6):35−39.

[101] 何盛明. 财经大辞典：中国财政经济出版社，1990.

[102] 何小勤．浙江省区域旅游业发展差异成因及对策 [J]. 国土与自然资源研究，2010，6(5)：76–77.

[103] 胡燕京，冯琦．基于 DEA 的我国上市旅游企业经营绩效评价 [J]. 华东经济管理，2006(9):62–65.

[104] 黄秀娟，黄福才．中国省域森林公园技术效率测算与分析 [J]. 旅游学刊，2011,26(3):25–30.

[105] 黄月龄，周德海，赵一雷．广西区域旅游经济时空差异分析 [J]. 桂林理工大学学报，2017，37（2）：377–382.

[106] 蒋亚珍．广西入境旅游发展的空间非均衡性分析．现代商贸工业，2014（16）：46–48.

[107] 蒋喆，陆道猛，文军．广西旅游业空间分异的特征研究 [J]. 中国商论，2016：106–107.

[108] 金春雨，程浩，宋广蕊．基于三阶段 DEA 模型的我国区域旅游业效率评价 [J]. 旅游学刊，2012,27(11):56–65.

[109] 靳诚，徐菁，陆玉麒．长三角城市旅游规模差异及其位序规模体系的构建 [J]. 经济地理，2007，27(4)：676–680.

[110] 孔庆书，李洪英，师伟力．基于 DEA 的河北省休闲农业评价研究——以河北省休闲农业与乡村旅游示范点为例 [J]. 中国生态农业学报，2013,21(4):511–518.

[111] 李瑞，吴殿廷，殷红梅，等．2000 年以来中国东部四大沿海城市群城市旅游业发展效率的综合测度与时空特征 [J]. 地理研究，2014,33(5):961–977.

[112] 李艳双，韩文秀，曾珍香，等．DEA 模型在旅游城市可持续发展能力评价中的应用 [J]. 河北工业大学学报，2001(5):62–66.

[113] 李元青，薛东前．山西旅游经济发展水平空间差异研究 [J]. 江西农业学报，2008，20(3)：136–138.

[114] 梁明珠，易婷婷，Bin Li. 基于 DEA–MI 模型的城市旅游效率演进模式研究 [J]. 旅游学刊，2013,28(5):53–62.

[115] 刘改芳，杨威．基于 DEA 的文化旅游业投资效率模型及实证分析 [J]. 旅游学刊，2013,28(1):77–84.

[116] 刘宏盈，张昌慧，张娟．广西 A 级旅游景区空间分布结构差异优化 [J]. 河北师范大学学报（自然科学版），2012，36(5)：523–528.

[117] 刘长生，简玉峰．中国旅游产业发展的不均衡性及其影响因素分解 [J]. 商业经济与管理，2011(2)：84–91.

[118] 刘长生 . 低碳旅游服务提供效率评价研究——以张家界景区环保交通为例 [J]. 旅游学刊 ,2012,27(3):90–98.
[119] 刘志迎 . 基于效率理论的高技术产业增长研究 [D]. 南京：南京农业大学 ,2006.
[120] 刘智兴，马耀峰，姜嫣，等 . 中国旅游百强景区空间分异研究 [J]. 河南科学，2013，31(9)：1551–1556.
[121] 龙祖坤 , 杜倩文 , 周婷 . 武陵山区旅游扶贫效率的时间演进与空间分异 [J]. 经济地理 ,2015,35(10):210–217.
[122] 卢明强 , 徐舒 , 王秀梅 , 栾贞 . 基于数据包络分析 (DEA) 的我国旅行社行业经营效率研究 [J]. 旅游论坛 ,2010,3(6):734–738.
[123] 陆林，余凤龙 . 中国旅游经济差异的空间特征分析 [J]. 经济地理，2005，25 (3)：406–409.
[124] 陆相林 . DEA 方法在区域旅游发展评价中的应用——以山东省 17 地市为例 [J]. 湖北大学学报 (自然科学版),2007(3):302–306.
[125] 马斯逊・华尔 . 旅游业效益学：旅游地经济、自然和社会影响研究 [M]. 郑利平，邓善，译 . 广州：广东旅游出版社，1991：74–83.
[126] 马晓龙 , 保继刚 . 基于 DEA 的中国国家级风景名胜区使用效率评价 [J]. 地理研究 ,2009,28(3):838–848.
[127] 马晓龙 , 保继刚 . 基于数据包络分析的中国主要城市旅游效率评价 [J]. 资源科学 ,2010(1):88–97.
[128] 欧向军，沈正平，朱传耿. 江苏省区域经济差异演变的空间分析 [J]. 经济地理，2007，27(1):78–83.
[129] 欧阳森，石怡理 . 改进熵权法及其在电能质量评估中的应用 [J]. 电力系统自动化，2013，37(21)：156–159.
[130] 乔花芳，谢双玉，曾菊新 . 湖北省旅游经济的空间非均衡性演化及影响因素 [J]. 地域研究与开发，2018，37 (5)：100–104.
[131] 新华网 . 习近平：决胜全面建成小康社会 夺取新时代中国特色社会主义伟大胜利——在中国共产党第十九次全国代表大会上的报告 [EB/OL].(2017–10–18)[2020–11–20].http://www.xinhuanet.com/2017–10/27/c_1121867529.htm.
[132] 苏建军 . 区域旅游经济发展水平非均衡演变的时空差异研究——以山西省为例 [J]. 技术经济，2009，8(7)：73–76.
[133] 孙根年，冯茂娥 . 西部入境旅游市场竞争态与资源区位的关系 [J]. 西北大学学报 (自然科学版)，2003(4)：459–464.

[134] 谈小刚 . 广东省旅游经济发展的区域差异及其影响因素分析 [D]. 广州：广州大学，2013：1-57.

[135] 田纪鹏，何建民 . 上海旅游业区域差异研究——基于旅游资源、企业、政策与旅游经济关系的视角 [J]. 旅游科学，2011，7(6)：1-13.

[136] 汪德根，陈田 . 中国旅游经济区域差异的空间分析 [J]. 地理科学，2011，31 (5)：528-536.

[137] 王开泳，张鹏岩，丁旭生 . 黄河流域旅游经济的时空分异与 R/S 分析 [J]. 地理科学，2014，34(3)：295-301.

[138] 王婷 . 我国区域旅游非均衡性与耦合协调机制研究 [D]. 秦皇岛：燕山大学，2012-12：2-3.

[139] 王迎英，曹荣林 . 山东省旅游经济发展的空间差异研究 [J]. 山东师范大学学报 (自然科学版)，2009，6(3):86-89.

[140] 魏权龄 . 数据包络分析 (DEA)[J]. 科学通报 ,2000(17):1793-1808.

[141] 乌铁红 , 张捷 , 李文杰 , 等 . 中国入境旅游经济发展水平的空间格局演变及成因——基于入境旅游经济区位熵的分析 [J]. 干旱区资源与环境 ,2009,23(5):189-194.

[142] 夏尔 . 季德，夏尔 . 李斯特 , 经济学说史 (上册) , 北京 : 商务印书馆 , 1986:36.

[143] 夏杰长，徐金海 . 中国旅游业改革开放 40 年：回顾与展望 [J]. 经济与管理研究，2018，39(6)：3-14.

[144] 肖志杰 , 魏权龄 . 数据包络与边际分析——微观经济中的非参数分析 [J]. 中国管理科学 ,1993(2):1-6.

[145] 萧浩辉. 决策科学辞典：人民出版社，1995.

[146] 谢春山 , 王恩旭 , 朱易兰 . 基于超效率 DEA 模型的中国五星级酒店效率评价研究 [J]. 旅游科学 ,2012,26(1):60-71.

[147] 熊芳，刘晓鹰 . 西部民族地区旅游业发展的空间非均衡性研究——以黔东南苗族侗族自治州为例 [J]. 贵州民族研究，2016，37 (8) : 194-197.

[148] 严伟 . 基于自组织理论的中国旅游产业融合研究 [M]. 北京：科学出版社，2016，11：21-22.

[149] 阎友兵 , 马朋 . 基于 DEA 方法的旅游电子商务网站效率评价研究 [J]. 湖南财政经济学院学报 ,2013,29(4):32-36.

[150] 杨春梅 , 赵宝福 . 基于数据包络分析的中国冰雪旅游产业效率分析 [J]. 干旱区资源与环境 ,2014,28(1):169-174.

[151] 杨德权，经济增长：过程及微观机理，北京：经济科学出版社，2005：14-20.
[152] 杨世河 . 黄山市旅游经济发展时空差异性分析 [J]. 安徽农学通报，2007，8(4)：145-148.
[153] 叶护平，韦燕生 . 中国旅游业发展区域差异的系统分析 [J]. 华中师范大学学报（自然科学版），2005，9(3)：395-398.
[154] 于秋阳，冯学钢，范堃 . 基于 DEA 模型的长三角旅游产业效率差异的评价与对策研究 [J]. 经济论坛，2009(22)：59-63.
[155] 苑涛，何秉宇，吴良飞 . 新疆旅游经济非均衡演变的时空特征分析 [J]. 干旱区资源与环境，2007，21(4)：123-126.
[156] 张根水，熊伯坚，程理民 . 基于 DEA 理论的地区旅游业效率评价 [J]. 商业研究，2006(1)：179-183.
[157] 张广海，田纪鹏 . 山东省旅游经济地域差异研究 [J]. 商业研究，2008，7(4)：163-167.
[158] 赵俊远，苏朝阳，黄宁 . 西北 5 省（区）区域旅游经济差异变化——基于泰尔指数的测度 [J]. 资源开发与市场，2008，28(4)：214-217.
[159] 赵磊，丁烨，杨宏浩 . 浙江省旅游景区空间分布差异化研究 [J].2013，33(9)：177-183.
[160] 赵磊，方成 . 中国旅游发展空间非均衡与极化研究 [J]. 中国人口・资源与环境，2014，24（6）：154-161.
[161] 赵赞，任传阳 . 广西国内旅游流流量与流质时空分布及差异分析 [J]. 江苏商论，2018：54-57.
[162] 周文娟，张红 . 基于 DEA 模型的旅游上市公司投资效率评价研究 [J]. 旅游论坛，2013，6(2)：57-62.
[163] 朱俊杰，丁登山，韩南生 . 中国旅游业地域不平衡分析 [J]. 人文地理，2001，20(1)：311-313.
[164] 朱士鹏，毛蒋兴，张志英，等 . 广西旅游经济时空差异分析 [J]. 重庆师范大学学报（自然科学版），2013，30(6)：134-138.
[165] 邹家红，王慧琴 . 旅游经济发展空间差异分析——以湖南省为例 [J]. 社会科学家，2009，5(6)：93-96.

附录

附录 1　广西 14 个城市旅游总消费（2008~2017 年）

单位：亿元

城市	2008 年	2009 年	2010 年	2011 年	2012 年	2013 年	2014 年	2015 年	2016 年	2017 年
南宁市	144.07	181.72	238.57	312.40	403.89	478.15	608.79	742.53	918.67	1127.35
桂林市	52.64	68.83	90.42	119.73	153.67	185.92	233.14	285.48	356.77	449.88
柳州市	100.68	126.92	168.30	218.34	276.87	348.48	432.07	517.33	637.30	971.76
玉林市	27.61	36.79	51.58	66.82	83.93	103.61	127.24	158.11	197.69	245.75
北海市	39.02	51.68	68.64	87.74	112.34	139.94	176.03	222.86	288.04	368.62
钦州市	9.60	18.01	29.07	40.48	52.62	64.51	79.75	100.64	129.23	169.10
百色市	16.11	21.48	27.60	40.76	51.86	61.92	76.75	102.31	173.64	254.55
梧州市	16.82	24.43	35.34	49.73	67.03	87.52	109.41	137.64	179.16	237.85
河池市	28.08	36.76	50.54	68.08	89.67	117.86	150.12	199.32	281.55	419.62
崇左市	29.55	43.86	57.37	74.23	96.31	123.30	157.66	201.82	261.79	336.88
贺州市	7.37	27.23	37.71	54.73	72.59	101.89	131.59	169.80	217.37	272.62
贵港市	24.53	32.85	44.10	59.42	90.23	113.40	146.57	182.16	233.58	300.62
防城港市	5.64	10.81	16.10	33.19	41.90	50.59	71.09	101.74	133.79	180.97
来宾市	17.21	24.90	37.62	52.16	66.81	80.06	100.95	132.45	182.79	244.79

附录 2　广西 14 个城市旅游总接待人数（2008~2017 年）

单位：万人次

城市	2008 年	2009 年	2010 年	2011 年	2012 年	2013 年	2014 年	2015 年	2016 年	2017 年
南宁市	2571.99	3083.40	3559.45	4398.35	5152.14	5875.37	6948.49	8210.23	9555.16	11060.21
桂林市	913.54	1126.19	1308.36	1530.23	1917.88	2283.06	2622.84	2919.26	3316.14	4038.82
柳州市	1626.92	1860.08	2246.33	2788.17	3292.66	3584.17	3942.62	4469.95	5385.87	8232.79
玉林市	486.60	558.62	664.91	853.34	991.26	1149.68	1298.16	1547.42	1747.93	2225.99
北海市	700.54	815.73	945.73	1109.10	1321.08	1532.74	1782.76	2156.60	2486.79	3084.36
钦州市	154.53	423.82	557.09	685.92	819.28	979.78	1183.78	1361.87	1585.65	2034.01
百色市	347.89	404.17	471.77	573.98	696.90	778.86	873.34	1082.43	1807.40	2571.18
梧州市	450.16	528.79	627.07	750.20	925.56	1103.09	1274.54	1444.54	1675.67	2100.33
河池市	532.52	611.90	715.86	841.77	1029.07	1364.08	1663.34	2037.56	2800.08	4003.55
崇左市	647.39	1033.90	954.91	1123.79	1361.44	1686.82	2004.81	2329.31	2724.51	3273.53
贺州市	228.31	301.83	503.83	662.84	811.85	1030.09	1290.24	1561.69	1813.17	2210.38
贵港市	439.42	575.61	731.03	853.27	1068.46	1288.76	1539.26	1852.01	2164.88	2646.84
防城港市	153.04	300.77	354.18	582.76	754.80	857.67	1199.51	1541.35	1808.79	2262.55
来宾市	420.76	488.21	683.21	806.47	985.47	1141.28	1362.53	1597.21	2029.83	2579.79

附录 3　广西城市旅游发展水平评价指标体系原始数据

一级指标	旅游供给水平			旅游需求水平			社会经济水平			旅游环境水平		
二级指标	旅游资源丰度（分）	星级饭店数（个）	旅行社个数（个）	旅游接待总人数（万人次）	旅游总消费（亿元）	旅游收入占GDP的比（%）	GDP总值（亿元）	第三产业增加值（亿元）	固定资产投资额（亿元）	城市建成区绿化覆盖率（%）	公共管理与公共服务用地（平方千米）	公路网密度（千米每平方千米）
编号	X1	X2	X3	X4	X5	X6	X7	X8	X9	X10	X11	X12
南宁市	98	49	131	11060.21	1127	27.37	4118.83	2115.15	4307.75	42.3	43.31	0.56
柳州市	92	41	58	4038.82	450	16.33	2755.64	1079.07	2697.20	43.8	21.00	0.47
桂林市	131.25	58	282	8232.79	972	47.51	2045.18	871.41	2234.24	40.2	12.02	0.49
梧州市	43.5	34	32	2225.99	246	18.37	1338.10	415.98	1330.15	41.2	5.86	0.53
北海市	49	35	60	3084.36	369	29.97	1229.84	370.64	1099.68	40.7	9.80	0.73
防城港市	23.25	25	30	2034.01	169	22.80	741.62	231.12	672.77	36.3	2.77	0.50
钦州市	49.5	17	63	2571.18	255	19.43	1309.82	449.86	1088.85	38.7	7.45	0.66
贵港市	22.5	13	19	2100.33	238	21.98	1082.18	422.68	983.81	33.7	6.89	0.72
玉林市	59.75	25	29	4003.55	420	24.69	1699.54	688.49	1689.33	39.8	9.62	0.81

续表

一级指标	旅游供给水平			旅游需求水平			社会经济水平			旅游环境水平		
二级指标	旅游资源丰度（分）	星级饭店数（个）	旅行社个数（个）	旅游接待总人数（万人次）	旅游总消费（亿元）	旅游收入占GDP的比（%）	GDP总值（亿元）	第三产业增加值（亿元）	固定资产投资额（亿元）	城市建成区绿化覆盖率（%）	公共管理与公共服务用地（平方千米）	公路网密度（千米每平方千米）
百色市	50.5	31	19	3273.53	337	24.74	1361.76	383.20	1226.41	38.5	4.37	0.48
贺州市	30	18	20	2210.38	273	49.67	548.83	222.16	722.02	42.3	5.62	0.43
河池市	59.25	50	41	2646.84	301	40.92	734.60	344.15	453.20	32.2	3.80	0.40
来宾市	43	16	11	2262.55	181	27.27	663.69	253.65	432.16	33.5	2.46	0.54
崇左市	66.75	45	35	2579.79	245	26.97	907.62	328.17	970.50	39.6	2.03	0.42

附录 4　旅游总效率估计结果

Variable	Coefficient	Std. Error	t–Statistic	Prob.
LOG(E1?)	0.213015	0.089373	2.383448	0.0185
LOG(E2?)	−0.401009	0.128058	−3.13147	0.0021
LOG(E3?)	0.014198	0.03486	0.407283	0.6844
LOG(E4?)	−0.168668	0.055673	−3.0296	0.0029
LOG(E5?)	0.54244	0.06681	8.119123	0.0000
LOG(E6?)	−0.16749	0.035645	−4.69882	0.0000
LOG(E7?)	0.217924	0.052317	4.165469	0.0001
LOG(E8?)	0.033732	0.047477	0.7105	0.4785
LOG(E9?)	0.007633	0.027637	0.276181	0.7828
C	−0.975659	0.448518	−2.1753	0.0312
Random Effects (Cross)				
NANNING——C	−0.164486			
LIUZHOU——C	0.024394			
GUILIN——C	−0.032868			
WUZHOU——C	0.146303			
BEIHAI——C	−0.089978			
FANGCHENGGANG——C	−0.054191			
QINZHOU——C	−0.009895			
GUIGANG——C	0.12665			
YULIN——C	0.015164			
BAISE——C	0.013358			
HEZHOU——C	−0.06422			
HECHI——C	−0.067029			

续表

Random Effects (Cross)			
LAIBIN——C	-0.032372		
CHONGZUO——C	0.18917		
Effects Specification			
		S.D.	Rho
Cross-section random		0.124053	0.4866
Idiosyncratic random		0.127427	0.5134
Weighted Statistics			
R-squared	0.616373	Mean dependent var	-0.07404
Adjusted R-squared	0.592396	S.D. dependent var	0.198342
S.E. of regression	0.126629	Sum squared resid	2.309026
F-statistic	25.707140	Durbin-Watson stat	1.151135
Prob(F-statistic)	0.000000		
Unweighted Statistics			
R-squared	0.696439	Mean dependent var	-0.25026
Sum squared resid	3.793801	Durbin-Watson stat	0.700617

附录 5　旅游全要素生产率估计结果

Variable	Coefficient	Std. Error	t-Statistic	Prob.
C	-0.47405	0.431991	-1.097362	0.2745
LOG(E1?)	0.123448	0.083668	1.475451	0.1425
LOG(E2?)	-0.343579	0.119856	-2.866611	0.0048
LOG(E3?)	0.013827	0.031441	0.439784	0.6608

续表

Variable	Coefficient	Std. Error	t-Statistic	Prob.
LOG(E4?)	-0.114676	0.055393	-2.070236	0.0404
LOG(E5?)	0.499126	0.062402	7.998551	0.0000
LOG(E6?)	-0.227599	0.036048	-6.313859	0.0000
LOG(E7?)	0.338791	0.054772	6.18544	0.0000
LOG(E8?)	0.017199	0.046482	0.370018	0.7120
LOG(E9?)	0.016851	0.024872	0.677502	0.4993
Random Effects (Cross)				
NANNING——C	-0.214819			
LIUZHOU——C	0.023151			
GUILIN——C	-0.028752			
WUZHOU——C	0.118013			
BEIHAI——C	-0.106058			
FANGCHENGGANG——C	-0.030097			
QINZHOU——C	-0.002549			
GUIGANG——C	0.137855			
YULIN——C	0.027648			
BAISE——C	0.006635			
HEZHOU——C	-0.073811			
HECHI——C	-0.020949			

续表

Random Effects (Cross)			
LAIBIN——C	0.002383		
CHONGZUO——C	0.161351		
Effects Specification			
		S.D.	Rho
Cross-section random		0.108141	0.476400
Idiosyncratic random		0.113362	0.523600
Weighted Statistics			
R-squared	0.681082	Mean dependent var	-0.077510
Adjusted R-squared	0.659003	S.D. dependent var	0.198248
S.E. of regression	0.115767	Sum squared resid	1.742259
F-statistic	30.847520	Durbin-Watson stat	1.202618
Prob(F-statistic)	0.000000		
Unweighted Statistics			
R-squared	0.726213	Mean dependent var	-0.246333
Sum squared resid	3.133357	Durbin-Watson stat	0.668699

附录 6　2005~2016 年广西各市国内旅游收入

单位：亿元

城市	2005 年	2006 年	2007 年	2008 年	2009 年	2010 年	2011 年	2012 年	2013 年	2014 年	2015 年	2016 年
南宁市	83.26	97.55	114.22	141.21	179.03	234.78	307.05	397.13	469.64	598.73	729.93	903.24
柳州市	29.42	35.07	41.18	51.10	67.15	88.59	117.38	150.66	182.27	229.09	281.02	351.48
桂林市	38.77	47.78	58.38	73.78	98.08	134.17	178.21	230.48	294.63	373.77	453.51	558.81
梧州市	15.37	18.29	21.01	26.51	35.60	50.02	64.53	81.26	100.11	123.22	153.78	192.68
北海市	20.05	23.77	29.48	37.94	50.50	67.17	86.07	110.17	137.28	173.11	219.74	284.34
防城港市	5.21	6.08	6.76	8.96	17.14	27.89	38.73	50.36	61.79	76.73	97.40	125.37
钦州市	6.64	8.06	12.00	15.66	21.03	27.04	40.03	51.02	60.99	75.67	101.12	172.02
贵港市	8.31	10.40	12.95	16.21	23.77	34.53	48.59	65.66	85.88	107.53	135.62	176.79
玉林市	17.98	23.15	28.66	27.17	36.28	49.55	66.95	88.21	115.83	147.53	196.44	277.74
百色市	15.24	18.83	23.44	29.14	43.40	56.64	73.23	95.08	121.84	156.01	200.02	259.59
贺州市	6.90	15.64	7.15	6.55	25.29	34.87	50.62	67.77	96.05	124.96	162.44	208.38
河池市	1.17	13.85	16.85	24.16	32.33	43.32	58.41	88.97	111.81	144.39	179.60	230.51
来宾市	6.21	7.56	8.99	5.54	10.64	15.86	32.88	41.52	50.15	70.59	101.18	133.12
崇左市	8.11	1.52	11.59	14.89	21.72	33.66	46.79	60.64	73.05	93.66	124.59	173.58

附录 7　2005~2016 年广西各市国际旅游收入

单位：万元

城市	2005 年	2006 年	2007 年	2008 年	2009 年	2010 年	2011 年	2012 年	2013 年	2014 年	2015 年	2016 年
南宁市	20320.00	24269.44	30471.72	28206.87	26896.28	37858.06	53448.55	67629.00	85067.00	100629.05	125962.24	154267.52
柳州市	9560.00	12751.61	98151.91	15159.83	16841.76	18241.09	23475.96	30073.00	36428.00	40487.50	44578.78	52866.29
桂林市	191951.00	209632.36	271365.16	264820.25	288399.95	341244.09	401305.45	463936.00	538503.00	582964.11	638154.07	784966.19
梧州市	3195.00	8980.01	10379.84	10871.80	11874.24	15588.96	22907.27	26725.00	34971.00	40236.29	43283.97	50068.12
北海市	5326.00	6954.12	10232.50	10654.12	11751.33	14767.92	16727.58	21662.00	26677.00	29163.62	31259.18	36991.97
防城港市	4398.26	5509.58	6683.71	6340.25	8660.07	11730.56	17546.33	22595.00	27139.00	30147.55	32475.53	38570.17
钦州市	556.84	717.78	3745.73	4411.19	4423.17	5589.03	7333.96	8418.00	9332.00	10821.90	11928.80	16220.86
贵港市	2897.20	4262.77	5375.82	5968.66	6629.02	8128.60	11375.63	13766.00	16389.00	18813.29	20157.32	23743.64
玉林市	7763.53	10627.64	14573.41	8963.85	4843.04	9946.78	11327.06	14555.00	20280.00	25935.83	28798.91	38048.59
百色市	2776.15	3984.15	4894.08	4121.47	4588.55	7297.56	9920.17	12221.00	14552.00	16522.06	18030.97	21977.54
贺州市	3131.24	16507.59	14994.15	8046.37	19356.58	28408.17	41088.34	48201.00	58482.00	66280.77	73612.80	89935.61
河池市	1145.97	1671.06	2010.52	3589.53	5211.90	7743.79	10121.99	12644.00	15913.00	21843.20	25541.26	30665.58
来宾市	403.51	616.89	1409.79	939.76	1654.47	2368.06	3134.39	3800.00	4342.00	4998.10	5544.51	6652.68
崇左市	15026.71	19067.21	24108.61	22770.15	31808.90	39590.77	53743.23	61664.00	70118.00	72878.84	78581.95	92097.26

附录 8　2006~2016 年广西各市固定资产投资额

单位：亿元

城市	2006 年	2007 年	2008 年	2009 年	2010 年	2011 年	2012 年	2013 年	2014 年	2015 年	2016 年
南宁市	447.22	560.22	693.44	1043.91	1483.02	2018.94	2517.61	2432.69	2886.68	3366.89	3824.73
柳州市	200.69	302.04	430.30	681.86	1004.88	1305.56	1615.22	1522.12	1765.49	2050.55	2338.61
桂林市	260.87	403.04	485.96	659.35	908.56	1140.20	1336.18	1308.46	1536.88	1837.32	2131.62
梧州市	121.94	151.40	198.31	330.37	468.42	632.87	797.07	803.40	876.04	1045.51	1168.51
北海市	87.45	135.36	200.31	321.85	485.26	603.14	707.80	674.90	786.16	920.37	1011.10
防城港市	68.96	103.53	146.05	254.10	376.84	490.75	517.83	455.81	478.31	526.15	600.14
钦州市	117.88	165.93	248.91	374.65	451.60	557.78	561.68	559.03	658.97	810.10	950.89
贵港市	149.56	155.90	220.07	290.18	385.29	429.97	495.21	463.44	547.17	689.67	841.69
玉林市	176.11	230.68	290.69	444.61	615.56	788.82	969.42	953.59	1123.71	1332.12	1467.10
百色市	249.92	293.66	325.45	530.16	639.71	761.98	916.88	802.50	895.23	1022.05	1061.40
贺州市	106.01	133.66	159.18	254.68	363.37	466.08	542.37	451.84	530.28	625.93	650.83
河池市	188.28	218.74	211.03	277.80	361.95	435.78	221.82	296.88	343.22	395.69	404.02
来宾市	74.65	93.90	125.77	205.01	306.90	422.69	480.11	410.42	431.18	449.07	370.91
崇左市	71.05	115.15	128.49	212.28	308.84	415.06	479.99	450.84	548.64	691.57	831.41

附录 9　2006~2016 年旅游机构数汇总

旅游机构数汇总（2006~2016 年）

年份	城市	旅游管理部门	旅行社	星级酒店	总计	年份	城市	旅游管理部门	旅行社	星级酒店	总计
2006 年	南宁市	10	60	84	154	2012 年	南宁市	19	83	68	170
	柳州市	7	38	23	68		柳州市	11	54	39	104
	桂林市	18	100	72	190		桂林市	24	156	70	250
	梧州市	5	17	14	36		梧州市	5	27	22	54
	北海市	5	26	39	70		北海市	7	42	35	84
	防城港市	5	8	8	21		防城港市	5	27	24	56
	钦州市	6	11	8	25		钦州市	9	27	26	62
	贵港市	3	15	18	36		贵港市	4	20	22	46
	玉林市	8	24	24	56		玉林市	8	36	14	58
	百色市	13	11	17	41		百色市	13	20	24	57
	贺州市	5	12	14	31		贺州市	6	18	20	44
	河池市	12	15	23	50		河池市	19	36	46	101
	来宾市	6	7	6	19		来宾市	6	15	17	38
	崇左市	7	9	24	40		崇左市	7	15	29	51
	总计	110	353	374	837		总计	143	576	456	1175

续表

旅游机构数汇总（2006~2016 年）											
年份	城市	旅游管理部门	旅行社	星级酒店	总计	年份	城市	旅游管理部门	旅行社	星级酒店	总计
2007 年	南宁市	9	60	83	152	2013 年	南宁市	14	95	62	171
	柳州市	7	38	25	70		柳州市	13	45	45	103
	桂林市	18	110	70	198		桂林市	24	173	70	267
	梧州市	5	17	18	40		梧州市	9	27	23	59
	北海市	5	30	41	76		北海市	6	49	35	90
	防城港市	5	8	8	21		防城港市	8	33	27	68
	钦州市	6	12	12	30		钦州市	9	20	26	55
	贵港市	3	16	19	38		贵港市	6	20	21	47
	玉林市	8	26	23	57		玉林市	11	34	23	68
	百色市	13	14	17	44		百色市	21	25	25	71
	贺州市	5	13	14	32		贺州市	10	18	24	52
	河池市	12	16	24	52		河池市	22	38	47	107
	来宾市	6	8	6	20		来宾市	8	17	18	43
	崇左市	7	9	24	40		崇左市	11	20	31	62
	总计	109	377	384	870		总计	172	614	477	1263

续表

旅游机构数汇总（2006~2016 年）

年份	城市	旅游管理部门	旅行社	星级酒店	总计	年份	城市	旅游管理部门	旅行社	星级酒店	总计
2008 年	南宁市	10	67	82	159	2014 年	南宁市	19	93	51	163
	柳州市	7	38	24	69		柳州市	14	47	45	106
	桂林市	18	110	71	199		桂林市	17	195	70	282
	梧州市	5	19	20	44		梧州市	8	23	30	61
	北海市	5	30	40	75		北海市	3	50	31	84
	防城港市	5	11	8	24		防城港市	5	28	28	61
	钦州市	6	12	15	33		钦州市	7	18	24	49
	贵港市	3	15	18	36		贵港市	3	23	20	46
	玉林市	8	26	23	57		玉林市	8	32	22	62
	百色市	13	15	17	45		百色市	13	19	23	55
	贺州市	6	12	17	35		贺州市	6	15	22	43
	河池市	12	18	31	61		河池市	29	36	50	115
	来宾市	6	11	7	24		来宾市	7	14	23	44
	崇左市	7	13	20	40		崇左市	11	15	27	53
	总计	111	397	393	901		总计	150	608	466	1224

续表

旅游机构数汇总（2006~2016年）

年份	城市	旅游管理部门	旅行社	星级酒店	总计	年份	城市	旅游管理部门	旅行社	星级酒店	总计
2009年	南宁市	11	68	85	164	2015年	南宁市	19	103	51	173
	柳州市	7	38	25	70		柳州市	14	52	47	113
	桂林市	18	129	73	220		桂林市	17	219	68	304
	梧州市	5	21	21	47		梧州市	8	23	32	63
	北海市	10	34	37	81		北海市	3	51	30	84
	防城港市	9	12	16	37		防城港市	5	27	31	63
	钦州市	9	13	18	40		钦州市	7	18	24	49
	贵港市	4	16	19	39		贵港市	6	18	18	42
	玉林市	8	26	20	54		玉林市	9	29	21	59
	百色市	13	18	20	51		百色市	13	18	26	57
	贺州市	6	13	18	37		贺州市	10	16	19	45
	河池市	12	22	34	68		河池市	29	36	49	114
	来宾市	5	12	10	27		来宾市	7	14	20	41
	崇左市	10	13	20	43		崇左市	15	14	29	58
	总计	127	435	416	978		总计	162	638	465	1265

续表

旅游机构数汇总（2006~2016年）

年份	城市	旅游管理部门	旅行社	星级酒店	总计	年份	城市	旅游管理部门	旅行社	星级酒店	总计
2010年	南宁市	17	64	80	161	2016年	南宁市	19	118	48	185
	柳州市	7	43	30	80		柳州市	15	53	48	116
	桂林市	18	130	68	216		桂林市	18	243	67	328
	梧州市	5	18	21	44		梧州市	8	24	34	66
	北海市	7	39	37	83		北海市	6	53	30	89
	防城港市	5	14	19	38		防城港市	5	27	31	63
	钦州市	9	13	19	41		钦州市	7	40	18	65
	贵港市	3	15	20	38		贵港市	6	19	15	40
	玉林市	8	26	18	52		玉林市	9	29	21	59
	百色市	13	19	18	50		百色市	13	21	31	65
	贺州市	6	16	16	38		贺州市	6	16	20	42
	河池市	12	25	43	80		河池市	26	39	51	116
	来宾市	6	14	14	34		来宾市	8	11	17	36
	崇左市	6	12	19	37		崇左市	16	29	42	87
	总计	122	448	422	992		总计	162	722	473	1357

续表

旅游机构数汇总（2006~2016 年）											
年份	城市	旅游管理部门	旅行社	星级酒店	总计	年份	城市	旅游管理部门	旅行社	星级酒店	总计
2011 年	南宁市	19	73	70	162						
	柳州市	7	45	35	87						
	桂林市	18	157	69	244						
	梧州市	5	26	23	54						
	北海市	7	43	37	87						
	防城港市	5	21	22	48						
	钦州市	9	20	25	54						
	贵港市	4	16	20	40						
	玉林市	8	33	19	60						
	百色市	13	19	17	49						
	贺州市	6	16	17	39						
	河池市	19	31	47	97						
	来宾市	7	19	17	43						
	崇左市	7	13	25	45						
	总计	134	532	443	1109						

附录 10　2006~2016 年广西各市 A 级景区数量汇总

广西 A 级旅游景区数量历年汇总（2006~2016 年）																				
年份	城市	5A	4A	3A	2A	总计	年份	城市	5A	4A	3A	2A	总计	年份	城市	5A	4A	3A	2A	总计
2006 年	南宁市	0	3	5	0	8	2010 年	南宁市	0	9	12	0	21	2014 年	南宁市	1	16	12	0	29
	柳州市	0	3	1	0	4		柳州市	0	8	7	0	15		柳州市	0	19	13	0	32
	桂林市	0	13	9	0	22		桂林市	2	23	14	0	39		桂林市	3	29	19	0	51
	梧州市	0	0	0	1	1		梧州市	0	2	0	1	3		梧州市	0	2	6	1	9
	北海市	0	3	0	0	3		北海市	0	4	0	0	4		北海市	0	6	4	1	11
	防城港市	0	0	1	1	2		防城港市	0	2	2	1	5		防城港市	0	5	4	2	11
	钦州市	0	2	1	0	3		钦州市	0	3	2	0	5		钦州市	0	4	5	2	11
	贵港市	0	1	0	0	1		贵港市	0	1	1	0	2		贵港市	0	2	0	1	3
	玉林市	0	1	2	0	3		玉林市	0	3	2	0	5		玉林市	0	3	6	3	12
	百色市	0	1	1	0	2		百色市	0	6	3	0	9		百色市	0	11	5	0	16
	贺州市	0	1	1	0	2		贺州市	0	3	1	0	4		贺州市	0	3	2	5	10
	河池市	0	0	0	3	3		河池市	0	3	5	5	13		河池市	0	6	13	6	25
	来宾市	0	0	1	1	2		来宾市	0	2	2	0	4		来宾市	0	3	4	4	11
	崇左市	0	0	2	1	3		崇左市	0	2	1	1	4		崇左市	0	3	2	2	7
	总计	0	28	24	7	59		总计	2	71	52	8	133		总计	4	112	95	27	238

续表

广西 A 级旅游景区数量历年汇总（2006~2016 年）

年份	城市	5A	4A	3A	2A	总计	年份	城市	5A	4A	3A	2A	总计	年份	城市	5A	4A	3A	2A	总计
2007 年	南宁市	0	4	6	0	10	2011 年	南宁市	0	9	12	0	21	2015 年	南宁市	1	19	17	0	37
	柳州市	0	3	2	0	5		柳州市	0	8	7	0	15		柳州市	0	20	21	0	41
	桂林市	2	14	10	0	26		桂林市	2	23	14	0	39		桂林市	3	30	22	0	55
	梧州市	0	1	0	1	2		市梧州	0	2	1	1	4		梧州市	0	3	5	1	9
	北海市	0	3	0	0	3		北海市	0	4	3	0	7		北海市	0	8	6	1	15
	防城港市	0	0	1	1	2		防城港市	0	2	4	2	8		防城港市	0	6	4	1	11
	钦州市	0	3	2	0	5		钦州市	0	3	2	1	6		钦州市	0	4	12	2	18
	贵港市	0	1	1	0	2		贵港市	0	1	2	1	4		贵港市	0	2	6	0	8
	玉林市	0	2	1	0	3		玉林市	0	3	2	1	6		玉林市	0	5	10	3	18
	百色市	0	4	1	0	5		百色市	0	6	5	0	11		百色市	0	11	7	0	18
	贺州市	0	1	1	0	2		贺州市	0	3	1	2	6		贺州市	0	4	7	3	14
	河池市	0	0	3	2	5		河池市	0	3	8	6	17		河池市	0	9	15	6	30
	来宾市	0	0	1	1	2		来宾市	0	2	2	1	5		来宾市	0	6	9	5	20
	崇左市	0	1	1	1	3		崇左市	0	1	2	2	5		崇左市	0	5	9	0	14
	总计	2	37	30	6	75		总计	2	70	65	17	154		总计	4	132	150	22	308

续表

广西 A 级旅游景区数量历年汇总（2006~2016 年）

年份	城市	5A	4A	3A	2A	总计	年份	城市	5A	4A	3A	2A	总计	年份	城市	5A	4A	3A	2A	总计
2008 年	南宁市	0	6	10	0	16	2012 年	南宁市	0	12	13	0	25	2016 年	南宁市	1	21	21	0	43
	柳州市	0	4	3	0	7		柳州市	0	14	12	0	26		柳州市	0	22	21	0	43
	桂林市	2	16	14	0	32		桂林市	3	26	15	0	44		桂林市	3	28	23	0	54
	梧州市	0	2	0	1	3		梧州市	0	2	3	1	6		梧州市	0	4	8	0	12
	北海市	0	3	0	0	3		北海市	0	4	3	1	8		北海市	0	9	8	0	17
	防城港市	0	0	2	2	4		防城港市	0	4	4	2	10		防城港市	0	6	5	1	12
	钦州市	0	3	2	0	5		钦州市	0	3	2	2	7		钦州市	0	4	16	2	22
	贵港市	0	1	1	0	2		贵港市	0	2	1	2	5		贵港市	0	2	6	0	8
	玉林市	0	3	1	0	4		玉林市	0	3	3	2	8		玉林市	0	7	15	4	26
	百色市	0	5	2	0	7		百色市	0	9	6	0	15		百色市	0	11	10	0	21
	贺州市	0	2	2	0	4		贺州市	0	3	1	4	8		贺州市	0	4	10	0	14
	河池市	0	0	3	2	5		河池市	0	5	9	4	18		河池市	0	12	16	5	33
	来宾市	0	0	2	0	2		来宾市	0	2	3	1	6		来宾市	0	7	9	3	19
	崇左市	0	1	1	1	3		崇左市	0	2	3	2	7		崇左市	0	8	20	0	28
	总计	2	46	43	6	97		总计	3	91	78	21	193		总计	4	145	188	15	352

续表

广西 A 级旅游景区数量历年汇总（2006~2016 年）

年份	城市	5A	4A	3A	2A	总计	年份	城市	5A	4A	3A	2A	总计	年份	城市	5A	4A	3A	2A	总计
2009 年	南宁市	0	8	10	0	18	2013 年	南宁市	0	12	13	0	25							
	柳州市	0	6	4	0	10		柳州市	0	16	15	0	31							
	桂林市	2	19	14	0	35		桂林市	3	27	15	0	45							
	梧州市	0	2	0	1	3		梧州市	0	2	4	1	7							
	北海市	0	4	0	0	4		北海市	0	4	3	1	8							
	防城港市	0	1	2	1	4		防城港市	0	4	4	2	10							
	钦州市	0	3	2	0	5		钦州市	0	3	2	2	7							
	贵港市	0	1	1	0	2		贵港市	0	2	1	2	5							
	玉林市	0	3	2	0	5		玉林市	0	3	4	2	9							
	百色市	0	5	2	0	7		百色市	0	11	6	0	17							
	贺州市	0	2	2	0	4		贺州市	0	3	1	4	8							
	河池市	0	2	3	2	7		河池市	0	5	10	4	19							
	来宾市	0	1	2	0	3		来宾市	0	2	3	1	6							
	崇左市	0	2	0	1	3		崇左市	0	2	3	2	7							
	总计	2	59	44	5	110		总计	3	96	84	21	204							

附录 11 2006~2016 年广西各市国民生产总值 GDP

单位：亿元

城市	2006 年	2007 年	2008 年	2009 年	2010 年	2011 年	2012 年	2013 年	2014 年	2015 年	2016 年
南宁市	870.15	1069.01	1316.21	1524.71	1800.26	2211.51	2503.18	2803.54	3148.32	3410.08	3703.33
柳州市	622.34	755.12	909.85	1046.05	1315.31	1579.72	1820.61	2010.05	2208.51	2298.62	2476.94
桂林市	607.02	744.32	883.02	948.23	1103.56	1327.57	1485.02	1657.90	1826.27	1942.90	2054.82
梧州市	270.42	319.57	400.12	453.65	579.28	735.24	832.58	991.71	1062.00	1078.65	1175.65
北海市	199.64	246.58	313.88	321.06	401.41	496.58	630.09	735.00	856.54	891.94	1006.65
防城港市	119.61	159.28	212.18	251.04	320.42	413.77	443.99	525.15	588.89	620.71	676.04
钦州市	245.07	303.92	377.42	396.18	520.67	646.65	691.32	753.14	854.96	944.42	1102.05
贵港市	265.19	338.02	398.53	437.73	544.66	634.41	679.18	742.01	805.40	865.20	958.76
玉林市	415.06	506.04	605.92	683.49	840.25	1019.94	1102.08	1198.46	1341.52	1445.91	1553.83
百色市	297.27	350.35	416.24	452.86	573.99	664.10	755.24	803.58	917.95	980.42	1114.31
贺州市	189.05	239.20	252.84	249.22	296.87	356.40	394.21	423.85	448.97	468.11	518.19
河池市	248.89	319.31	367.31	382.77	468.74	518.13	492.71	528.62	601.17	618.03	657.18
来宾市	203.46	245.34	271.58	303.14	405.22	486.21	514.29	515.57	551.12	557.93	589.11
崇左市	194.03	231.87	264.80	304.36	392.37	491.85	530.51	584.63	649.72	682.82	766.20

附录 12 2006~2016 年广西各市城镇居民恩格尔系数

城市	2006 年	2007 年	2008 年	2009 年	2010 年	2011 年	2012 年	2013 年	2014 年	2015 年	2016 年
南宁市	0.39	0.43	0.42	0.39	0.39	0.40	0.39	0.39	0.39	0.38	0.36
柳州市	0.43	0.44	0.43	0.40	0.40	0.41	0.41	0.41	0.40	0.41	0.40
桂林市	0.39	0.42	0.45	0.45	0.42	0.42	0.41	0.41	0.41	0.39	0.37
梧州市	0.47	0.48	0.53	0.48	0.44	0.46	0.45	0.44	0.43	0.42	0.42
北海市	0.43	0.44	0.48	0.40	0.44	0.48	0.47	0.46	0.35	0.35	0.45
防城港市	0.50	0.43	0.49	0.42	0.41	0.41	0.40	0.40	0.41	0.41	0.41
钦州市	0.49	0.50	0.50	0.47	0.43	0.45	0.45	0.46	0.46	0.46	0.35
贵港市	0.43	0.45	0.44	0.40	0.40	0.43	0.42	0.42	0.42	0.42	0.41
玉林市	0.39	0.39	0.44	0.41	0.38	0.43	0.42	0.40	0.40	0.40	0.41
百色市	0.42	0.42	0.43	0.38	0.37	0.42	0.40	0.40	0.39	0.38	0.31
贺州市	0.42	0.87	0.47	0.41	0.39	0.40	0.40	0.39	0.39	0.39	0.39
河池市	0.43	0.43	0.43	0.39	0.41	0.43	0.42	0.40	0.34	0.33	0.33
来宾市	0.40	0.40	0.39	0.36	0.35	0.39	0.38	0.38	0.38	0.37	0.36
崇左市	0.42	0.47	0.47	0.43	0.40	0.43	0.42	0.41	0.41	0.40	0.41

附录 13　2006~2016 年广西各市人口密度

单位：人 / 平方千米

城市	2006 年	2007 年	2008 年	2009 年	2010 年	2011 年	2012 年	2013 年	2014 年	2015 年	2016 年
南宁市	393	400	407	414	417	421	417	425	425	442	340
柳州市	1529	1547	1562	1577	1595	1040	1129	1137	1137	1175	207
桂林市	1317	1339	1343	1341	1340	1346	1341	1357	1357	462	193
梧州市	446	448	453	455	466	468	469	474	290	438	276
北海市	594	607	619	631	644	653	653	664	664	677	437
防城港市	146	176	179	184	191	192	193	194	194	200	156
钦州市	261	268	272	282	291	297	297	301	301	305	376
贵港市	501	514	520	524	536	538	539	550	550	559	523
玉林市	729	747	766	781	809	825	834	840	840	870	559
百色市	90	91	92	93	94	86	93	95	95	96	115
贺州市	184	187	192	192	204	183	194	207	207	213	206
河池市	135	137	139	141	143	144	148	142	142	145	128
来宾市	232	234	237	241	246	249	251	239	239	255	200
崇左市	116	117	118	121	123	123	122	125	125	126	145

附录 14　2006~2016 年广西各市旅游区位熵

城市	2006 年	2007 年	2008 年	2009 年	2010 年	2011 年	2012 年	2013 年	2014 年	2015 年	2016 年
南宁市	1.451	1.393	1.402	1.318	1.344	1.279	1.252	1.184	1.179	1.125	1.086
柳州市	0.743	0.728	0.798	0.666	0.697	0.686	0.655	0.642	0.644	0.641	0.631
桂林市	1.475	1.528	1.513	1.480	1.546	1.489	1.446	1.459	1.443	1.375	1.358
梧州市	0.889	0.933	0.887	0.897	0.903	0.815	0.782	0.725	0.731	0.757	0.736
北海市	1.749	1.746	1.675	1.820	1.734	1.600	1.383	1.322	1.253	1.290	1.253
防城港市	0.690	0.592	0.578	0.794	0.920	0.886	0.919	0.844	0.826	0.837	0.837
钦州市	0.450	0.541	0.599	0.599	0.538	0.571	0.582	0.570	0.547	0.559	0.690
贵港市	0.532	0.528	0.559	0.610	0.658	0.714	0.766	0.819	0.828	0.822	0.818
玉林市	0.753	0.820	0.599	0.595	0.610	0.604	0.631	0.683	0.682	0.712	0.793
百色市	0.827	0.875	0.913	1.070	1.013	1.024	0.989	1.065	1.047	1.063	1.029
贺州市	1.237	1.144	1.249	1.225	1.288	1.391	1.428	1.669	1.787	1.873	1.837
河池市	0.720	0.691	0.858	0.949	0.954	1.051	1.421	1.489	1.487	1.522	1.556
来宾市	0.491	0.502	0.260	0.373	0.323	0.618	0.632	0.681	0.787	0.942	0.994
崇左市	0.749	0.668	0.816	0.905	0.972	0.960	0.977	0.951	0.947	1.002	1.045

附录 15　2006~2016 年广西各市旅游资源吸引力

城市	2006 年	2007 年	2008 年	2009 年	2010 年	2011 年	2012 年	2013 年	2014 年	2015 年	2016 年
南宁市	0.14	0.13	0.16	0.16	0.16	0.14	0.13	0.13	0.13	0.13	0.13
柳州市	0.08	0.07	0.08	0.09	0.11	0.10	0.14	0.16	0.14	0.14	0.13
桂林市	0.41	0.37	0.35	0.33	0.31	0.28	0.25	0.25	0.24	0.19	0.17
梧州市	0.01	0.02	0.03	0.02	0.02	0.02	0.03	0.03	0.03	0.03	0.03
北海市	0.06	0.05	0.04	0.04	0.03	0.05	0.04	0.04	0.05	0.05	0.05
防城港市	0.02	0.02	0.03	0.03	0.03	0.05	0.05	0.05	0.04	0.04	0.03
钦州市	0.06	0.07	0.05	0.05	0.04	0.04	0.03	0.03	0.04	0.05	0.06
贵港市	0.02	0.03	0.02	0.02	0.02	0.02	0.02	0.02	0.01	0.03	0.02
玉林市	0.05	0.04	0.05	0.05	0.04	0.04	0.04	0.04	0.04	0.05	0.07
百色市	0.04	0.07	0.08	0.07	0.07	0.08	0.08	0.09	0.07	0.06	0.06
贺州市	0.04	0.03	0.04	0.04	0.03	0.04	0.03	0.03	0.03	0.04	0.04
河池市	0.02	0.05	0.04	0.05	0.07	0.09	0.08	0.08	0.09	0.09	0.09
来宾市	0.02	0.02	0.02	0.03	0.03	0.03	0.03	0.03	0.04	0.06	0.05
崇左市	0.04	0.03	0.03	0.02	0.03	0.03	0.03	0.03	0.03	0.05	0.08

附录 16　2006~2016 年广西各市旅游市场份额

城市	2006 年	2007 年	2008 年	2009 年	2010 年	2011 年	2012 年	2013 年	2014 年	2015 年	2016 年
南宁市	0.28	0.27	0.28	0.26	0.25	0.24	0.24	0.23	0.23	0.23	0.22
柳州市	0.10	0.12	0.10	0.10	0.09	0.09	0.09	0.09	0.09	0.09	0.09
桂林市	0.19	0.19	0.19	0.18	0.18	0.17	0.17	0.17	0.17	0.16	0.15
梧州市	0.05	0.05	0.05	0.05	0.05	0.05	0.05	0.05	0.05	0.05	0.05
北海市	0.07	0.07	0.08	0.07	0.07	0.07	0.07	0.07	0.07	0.07	0.07
防城港市	0.02	0.02	0.02	0.03	0.03	0.03	0.03	0.03	0.03	0.03	0.03
钦州市	0.02	0.03	0.03	0.03	0.03	0.03	0.03	0.03	0.03	0.03	0.04
贵港市	0.03	0.03	0.03	0.03	0.04	0.04	0.04	0.04	0.04	0.04	0.04
玉林市	0.07	0.07	0.05	0.05	0.05	0.05	0.05	0.06	0.06	0.06	0.07
百色市	0.05	0.05	0.06	0.06	0.06	0.06	0.06	0.06	0.06	0.06	0.06
贺州市	0.05	0.02	0.01	0.04	0.04	0.04	0.04	0.05	0.05	0.05	0.05
河池市	0.04	0.04	0.05	0.05	0.05	0.05	0.05	0.06	0.06	0.06	0.06
来宾市	0.02	0.02	0.01	0.02	0.02	0.03	0.03	0.02	0.03	0.03	0.03
崇左市	0.01	0.03	0.03	0.04	0.04	0.04	0.04	0.04	0.04	0.04	0.04

附录 17　2006~2016 年广西各市公路密度

单位：千米 / 百平方千米

城市	2006 年	2007 年	2008 年	2009 年	2010 年	2011 年	2012 年	2013 年	2014 年	2015 年	2016 年
南宁市	40.765	45.025	47.027	46.911	47.787	52.130	53.442	55.183	56.374	57.270	57.216
柳州市	19.992	40.635	40.227	42.912	42.743	43.041	43.068	43.475	43.857	45.158	46.284
桂林市	36.801	37.912	38.448	39.638	40.224	40.588	41.077	42.375	49.836	45.180	47.410
梧州市	35.426	36.876	47.037	41.266	32.202	47.736	7.604	46.460	44.695	49.873	51.776
北海市	69.512	74.198	74.198	72.340	72.340	77.225	74.498	77.495	81.750	83.788	83.788
防城港市	27.356	40.260	40.786	40.787	41.325	53.354	42.109	45.608	46.505	48.477	48.646
钦州市	35.631	35.636	43.951	49.106	49.407	51.632	54.612	56.631	56.631	61.432	63.835
贵港市	21.500	43.063	55.016	55.415	57.197	57.244	59.913	62.450	65.073	67.959	69.694
玉林市	44.407	44.867	67.124	65.875	67.300	68.282	77.824	75.923	79.031	79.467	80.427
百色市	19.314	28.867	34.927	36.039	36.887	39.473	40.669	42.255	44.489	45.626	46.498
贺州市	29.523	32.324	27.263	32.807	31.601	31.995	38.215	37.444	31.762	14.813	31.762
河池市	21.264	21.178	21.837	18.243	21.887	34.651	35.862	36.835	37.773	38.577	39.323
来宾市	33.003	20.125	42.204	44.009	44.598	45.388	46.007	46.186	48.199	50.697	52.278
崇左市	27.722	35.704	37.385	37.606	38.078	38.315	39.254	40.013	40.480	40.659	41.993

附录 18　2006~2016 年广西各市教育支出

单位：亿元

城市	2006 年	2007 年	2008 年	2009 年	2010 年	2011 年	2012 年	2013 年	2014 年	2015 年	2016 年
南宁市	14.15	20.12	19.68	31.98	42.98	53.55	66.07	70.32	75.48	92.49	97.46
柳州市	9.58	14.72	17.68	23.46	27.91	34.45	40.32	42.04	45.44	66.97	68.06
桂林市	14.34	19.12	13.61	28.39	33.53	39.84	3.15	49.73	53.43	66.00	72.75
梧州市	7.56	9.83	6.35	16.14	21.13	27.31	37.78	37.61	38.03	43.04	47.14
北海市	4.18	6.27	2.91	9.69	11.88	14.31	17.17	16.99	19.68	24.95	28.99
防城港市	2.06	3.18	3.45	5.33	6.15	8.15	12.12	10.31	11.68	14.00	15.25
钦州市	5.79	8.96	5.09	15.28	19.48	23.79	30.86	32.31	34.44	41.82	45.52
贵港市	8.26	12.25	3.62	19.82	25.95	29.10	33.97	40.00	43.34	50.94	56.84
玉林市	12.41	15.67	7.79	26.85	34.38	40.02	50.55	52.97	57.62	73.87	81.73
百色市	11.05	13.93	9.99	21.59	26.83	32.75	51.05	47.31	49.82	60.16	66.07
贺州市	5.62	7.47	9.75	6.43	14.15	16.27	23.12	22.06	1.59	29.41	32.31
河池市	10.56	13.82	8.45	20.45	26.22	29.18	37.84	41.69	47.59	53.44	57.63
来宾市	6.14	7.60	5.56	11.75	14.56	21.21	26.62	26.85	26.84	28.73	33.33
崇左市	5.53	7.10	7.65	11.07	13.70	20.33	27.63	29.37	31.92	33.99	51.99